河合隼雄のカウンセリング教室

創元社

刊行によせて

河合俊雄

本書は、「四天王寺カウンセリング講座」での父河合隼雄の講演記録を二冊にまとめたものの一つである。このカウンセリング講座自体は今も毎年続いているし、またこれまでの講座の内容もシリーズとして刊行されてきている。二〇〇八年までに既に八巻が世に出ている。しかし重版がむずかしくなってきていて、すでに第一巻がＰＯＤ版になっているという出版状況のなかで、本書の企画が持ち上がってきた。それには、最初から体系化をめざしていたのではないけれども、カウンセリングを学ぼうという人のために河合隼雄が何回か話したことを、まとまった形で読者に提供したいというのもある。ここには、カウンセリングについての、とても基本的なことが語られていると言えよう。

本書は「カウンセリングと時間」「カウンセリングと人間理解」「カウンセリングと倫理」「カウンセリングと家族」「カウンセリングと友情」の五章から成り立っている。著者が毎回の講座でなるべく違う話をしようとしたこともあって、それぞれの章が魅力的で、全体として本書がバラエティに富むものになっている。そしてこれらは確かに重要なテーマではあるけれども、それらがカウンセリングを学んでいくための体系的な知識の部分や項目であるのではない。むしろそれらの大きなテーマを切り口にしながら、カウンセリングにおけるさまざまな問題にふれていくことになるし、またカウンセリングにおいては、その時その時が一般化できない一度きりのものであることがわかるようになっている。読み進んでいくと、一歩一歩ゴールに近づくと言うよりは、次々と深淵が切り現れるような印象を受ける。そしてこれだけ個別性が際だちながら、何かカウンセリングに通底する基本や本質が一貫して感じられるような本なのである。

カウンセリングにおける基本的なことを説明するのに、著者は決して教科書的な言い方をしていないのに驚かされる。たとえば時間についても、むしろ時間を決めるのが不自然であるという著者の昔の体験からはじめて、なぜ時間を決める必要と意味があるのかが、さまざまな例を通して感得されるように語られていく。そこには著者の長年の経験がこめられているのである。また経験を強調すると、どうしても後ろ向きになりがちであるのに、著者は常に現代における問題に目を向けていることも感じられる。

本書は、もともとはカウンセリングを学ぶ講座のためのものである。けれどもそれだけではなくて、本書は自分の生き方について深く考え、何か考えなおすきっかけを探そうという人にもお勧めできる。カウンセリングというものがそうであるように、答えを提供するのではなくて、まさに考えるきっかけを与えてくれる本であると思われる。

河合隼雄のカウンセリング教室　もくじ

第3章　カウンセリングと倫理　99

第4章　カウンセリングと家族　143

装丁　濱崎実幸

河合隼雄のカウンセリング教室

第1章　カウンセリングと時間

ただいまご紹介いただきましたように、この講座には、外国へ行っていないかぎりだいたい来させていただいております。同じところへつづけて来ることのいい点は、同じようなことをしゃべれないということです。あちこち場所が変われば、同じ話ばかりをして日本じゅう回れますから あまり自分が進歩しなくてもいいのですが、毎年同じところへ来ていますと、何か変わった、違う話題を考えねばなりません。今年は「カウンセリングと時間」ということにしました。自分でもびっくりしたのですが、このことについて、いままで一度も話さなかったということ自体が不思議です。

集中力が続くのは一時間

カウンセリングにおいては、時間というのはすごく大切なことです。みなさんご存じのように、型にはまったカウンセリングをするときには、時間と場所をきちんと設定します。時間はカウンセラーによって違いますが、だいたいは一時間という単位が多いですね。あるいは五〇分の方もあります。二時から三時までとか、二時から二時五〇分まで、といったぐあいです。

私はいま五〇分にしています。なかには四五分という方も、三〇分という方もあります。あるいは遠いところから来ておられて、そんなにたびたび来られないので一時間半という方もあります。これは、相手によって少し時間を短くしたり、長くしたりしているわけですが、二時間というのはよほどでないとできません。集中力が続きませんからね。集中力が続くのは、だいたい一時間ぐらいじゃないでしょうか。

今日、私はみなさんに一時間半お話をするわけですが、一時間半ずっと集中しているわけではなくて、必ずどこかでばか話をして、聞かれるみなさんのほうもばか話を聞いて、あるいは聞かずにちょっとリフレッシュして続けるということになります。もし私が一時間半べったり集中して話をしたら、あとの講義は聞けないと思いますね。あるいは、私がしゃべっているあいだ、ほとんど聞かれないか、どちらかです。ですから、こういう講演というのは、どこかで必ず息抜きがあるんですね。それをどの辺でやるかということが大事なわけです。

カウンセリングでも、もちろんそのなかで息抜きのようなことは起こりますけれども、やはり相当な集中度ですから、そんなに長くはできません。それで、五〇分とか一時間とか時間を決めてやるわけですね。そして二時から二時五〇分までお会いして、「また来週のこの時間に来てください」とか言って、だいたい週一回ということで続けております。なかには週に二回の方もあります。特別に週三回という方もありますが、日本ではめったに週三回というカウンセリングはないと思います。

今日はあとで小此木先生が話をされますが、精神分析というやり方では週に四回とか五回とか、そういう方法もあります。しかし、普通のカウンセリングではそんなことはないと思います。だいたい週一回か二回、ときにはその人の都合とか、あるいはだんだんよくなってきますと二週間に一回にしましょうとか、あるいは一ヵ月に一回にしましょうというふうに変わったりします。だいたいは、いま申し上げたように週一回で一時間というのが多いのではないでしょうか。

私は、先ほども申し上げたとおり五〇分にしています。若いときはすごくエネルギーがありましたから、五〇分やって、次の人が待っておられますので休みなしにまた五〇分やって、次にまた休みなしで五〇分やるというふうに、一日に八人も九人もの方とお会いしていました。いまはそれだけのエネルギーはありませんので、五〇分お会いして必ず一〇分休むというふうにしています。その休みの時間が、私にとっては非常に大事ですね。その一〇分間に完全に眠っているときもあります。眠っていて、次の人の来られたことで目がさめて、また次に五〇分やるということもあります。

どうして時間を決めるのか

こういうふうに、カウンセリングでは時間を決めているのですが、このことについて、みなさん不思議に思われたことはありませんか。「どうしてそんな時間を決めるんですか」と、初期のころはよく質問されました。人のために一生懸命になるんだったら時間を決めるというのはおかしいんじゃないかというのですね。話をとことん聞きましょうとか、とことん一緒に考えましょうというのだったら、はじめから時間を決めるというのは失礼ではないかと。

特に日本人の考え方には、古来、時間を決めるという考え方はありません。あるいは、人を訪問するときに、はじめから時間を設定しておくとか、約束をする（アポイントメントをとると言いますが）、そういうことをしなかったんじゃないでしょうか、どうですか。

たとえば、私が学生時代に友だちのところに行くのに、「何時に行く」なんて言わなかったと思いますね。下宿にいて、何かちょっとしゃべりたくなったなと思うと、一升瓶か何かをぶら下げて行って、「おーい」と言ったら、向こうも「おーい」と言って、入ってお酒を飲んでそのまま泊まってしまうこともありますし、「おーい」と言って返事がなかったら帰ってくるだけの話だ、というようなやり方をしていました。

そして、どんな時間に行っても「おーい」と言えば「上がれ」ということになって、しゃべりたいだけしゃべって「もう帰るか、寝るか」というふうなのが友人であって、「明日、三時にお伺いしますから」なんていうのは友だちではない、そうですね。これは先生とか、相手がよっぽどの人であって、お互いに親しくなると時間は無視されてしまうものだ、というのが日本古来の考え方です。

そういう考え方をしますと、カウンセラーというのは、クライエントのためにいちばん一生懸命になろうとしていて、自分がだれよりもその人の役に立とうとしているのに、時間を決めるのはおかしいじゃないかということを、みなさん思われませんでしたか。これは、非常によく質問されました。

一週間に一回会うだけで効果があるのか

それからまた、こういうことを言う人がいましたね。学校の先生ですが「私は教師で、問題のある子と必死になって、放課後もつき合ったり、一緒に山へ遊びに行ったり、飯を食ったり、それもお金のない子が多いから自分が飯代も出してやったりしてつき合っているのに、先生たちカウンセラーは、週に一回一時間会うだけで、こんな楽なこと、ないんじゃないですか。私らの苦労から考えたら、ずいぶん楽なことをやっておられますね」とか、「そんなので効果があがるんですか。われわれは、いわば寝食を共にしてやっているのに」と言われました。

私がカウンセリングを始めた初期のころは、まだ「カウンセリング」ということがあまり言われていないころでしたから、非常にありがたいことに、子どもたちが親から離れて収容されている養護施設や、鑑別所、刑務所、そして精神病院など、いろいろなところへ行きました。ですから、いろいろなところのことをよく知っています。

養護施設なんかへ行きますと、そこの保母さんが「私たちは子どもたちと、それこそ寝食を共にしているんです。それなのに、先生は一週間に一回会って、そんなの意味があるんですか」と言われますから、「本当ですね。意味あるんでしょうかね。まあ、それでもやってみましょうか」と言ってやっていますと、やっぱり意味があることがわかってくるんですね。そして、「不思議なものですね」と言われるわけです。ですから、私はとにかくつべこべ言わずに「まあ、ひとつやりましょうや」という格好でやっていました。そして、だんだんみんなに、一週間に一回会うだけでも意味があるということがわかってきたんですね。

考えてみたら不思議ですね。一週間に一度会うだけで、ね。みなさん、そう思われませんか。ずっと一緒につき合っている人にくらべて、一週間に一度、たった一時間会うだけで果たして効果があるんだろうか。これが、効果があるんですね。あるからこそやっているわけですし、いまでもたくさんの人がカウンセリングを受けたいと思われるわけです。これはどこに秘密があるのかということを、われわれはよく知っていないといけません。

制限がないと共倒れになる

実は、カウンセリングなどということが言われる前に、たとえばアメリカでも教育者の人とかソーシャルワーカーとかが、子どもをよくしようと、いろいろ努力をされています。またヨーロッパでは、むしろ精神病の人とかノイローゼの人を何とかしようとやっています。精神科医が多かったのですが、そのなかでフロイトとかユングとか、われわれがすごい先人だと思っている人は、実は時間なんかまったく無視してやっていることがたくさんあります。それこそ「寝食を共にして」と言ってもいいぐらいのことをやっています。初期のころは、みなそうです。

ずっと一緒に朝から晩までしゃべりこんだりして、やっているんですね。そしてとうとう、時間を決めるほうがいいという結論に到達するのです。そのやり方を、われわれはいまやっているわけです。ですから西洋でも、はじめから時間を決めるということをやっていたわけではないというところが、非常におもしろいことですね。

だれだって常識で考えたらそうでしょう。人の役に立とうと思ったら、時間なんてほうっておいて一生懸命になる、というのが当然じゃないでしょうか。ところが、それをやって、みんな失敗しているんですね。それをやると、しばらくはよくなるように思うけれども、そのあとがなかなかうまくいかない。その失敗をくり返しているうちにわかったことは、時間という制限なしにやっていると、簡単に言ってしまえば、カウンセラーもクライエントもドロドロになってしまうというか、ベタベタの関係になってしまう。そういうことがわかってきたのです。

もちろん「そんなことない。私は教師で、子どもと一緒に飯を食ったり、山へ行ったりしたけど、うまいことといった」という人もありますよ。もう少し言いますと、そういうことをしてもよくなる人はたくさんいます。それはどんな人かと言うと、端的に言って、あまり病的でない方です。健康度の高い方は、時間なんか決めずにやってもうまくいきます。これは大事なことで、忘れないようにしてください。

ところが、たとえばユングとかフロイトとかが会っていた人は、ほとんどが精神病に近い人、あるいは精神病の人ですから、そういう人が相手ですと、どういうことが起こってくるかと言うと、まったくむちゃくちゃに依存されてくるわけですね。一人の人間が一人の人間に完全に依存されて、それを何とかもちこたえようと思っても、これは不可能です。できません。みなさん、嘘だと思うなら、この人のためにと思って死に物狂いでやってみられたらわかります。何日続きますか、そんなに続きません。

私は、自分の思い出を考えてみても、いろいろと思い当たることがあります。たとえば、昔、私は学生相談をやっていましたから、なかには学生さんが自殺未遂をされることがあります。そうすると、友だちがみんな寄ってきますし、そういうときに限って親がなかなか来なかったりしますね。すると、友だちが一緒に泊まってご飯をつくってあげたり、いろいろやりますね。まさに寝食を共にしてやります。

　ところが、その友だちがずっと一緒にいてくれるかと言うと、そんなことはないわけです。三日間ぐらいじゃないでしょうか。ご飯を食べて、ちょっと元気になった。すると「あんた、しっかりしなさいよ。私は下宿へ帰ってときどき来るからね」と言って、何かそのあいだに嫌なことがあったりしたら、もう来ませんね。

　私もそういうときに訪ねていったりしましたが、そのとき、いま必死になってこの人の命のためにと担任の先生とかみんなが集まっているけれど、まあ三日間ぐらいだろう、これからこの人と一生つき合うのは自分だと、よく思っていました。

　それがカウンセラーとほかの人とが違うところです。ワーッと行って「一緒にやります」とは言わないけれども、じっくりじっくり、これから一〇年かかってでも絶対切れることなく続けましょうという覚悟でやる。そのためには、一緒にベタベタになってしまったらだめなわけです。人間というのは、そういうものなんです。

　みなさん、一度そういう体験をされたらわかります。一人の人間が本当にベッタリとこちらに寄ってきたら、どんなに苦しいか。命の限りと思っていても、まあできませんね。そうでなかったら、最後は二人で心中するぐらいのつもりでやらなかったらだめじゃないでしょうか。実際、ときどきそういうのがありますね。もちろん、それでもいい人はいいのですが、心中したくないんだったら、厳しいようだけれども、時間を決めて会わねばならないということになります。

それは、人間が人間にまったくベタベタに依存して立ち直るということはない、ということなんですね。もちろん、依存しないと立ち直れない。みんな苦しいわけですから、ある程度われわれに依存してこられるけれど、最後はその人の足で立ち上がってもらわないと困りますね。これは非常に大事なことで、どなたかが私に依存してこられたとしても、最後のところは自分の足で立って「ありがとうございました。私は自分の人生を生きますから」とならないと、カウンセリングは成功したことにならない。

そうすると、厳しいようだけれども、やはりそこには何らかの制限と言いますか、限界というものがなかったら、この仕事はできないということです。他人のために自分の全エネルギーを使おうと決心するには制限がなかったらできないという、ここが不思議なところです。つまり、時間と場所が決まっているからこそ、その時間のあいだ本当に全エネルギーを使うことができる、というわけですね。

そして、だいたい人間がそういうことができるのは一時間ぐらいだろうということで、おもしろいのは世界じゅう、だいたい一時間が単位になっていることです。一時間の方と五〇分の方とがあります。先ほども言いましたが、私はこのごろ五〇分やって一〇分休むというふうに、一〇分間の休みをとても大事にしています。まず第一に時間を決める、これが非常に大事なことです。

日常世界とは違う場

その次にもう一つ大事なことは、時間と場所を決めて会うということは、「これは、普通のおつき合い、普通の人間関係とは違いますよ」ということを、非常にはっきりと言っているということなんです。私がどなたかとお会いして「お元気ですか」と言うと、「いや、もうこのごろ大変ですわ。体の調子が悪くて」と言われて、「ああ、そうですか。それは大変ですね」とか「医者へ行っていますか」と話をする。これは日常会話ですね。日常会話というのは、ふだんよくやっています。みなさんだって、会話をしない日はないでしょう。このごろ〝ひきこもり〟ということがよく言われていますが、だれともしゃべらずにいると、大変です。

そうした会話が日常あちこちで行なわれているのですが、そういう日常会話と違って、時間と場所を決めてやるというのは、「日常社会とここは違いますよ」ということをはっきりさせているということです。そこが大事だと思うのです。そして、カウンセリングというのは、日常会話とは実際に違う世界に入っている、と私は思います。

どういうところが違うかと言いますと、日常会話というのは日常生活にとって大事なような話し方をしていますね。たとえば、パッとお会いした人がちょっとぐらい趣味の悪い服を着ていても、「ああ、こんにちは。趣味の悪い服ですね」とか言わないですね。嘘をつくのがいやだったら、「いい服ですね」とまでは言わないにしても「こんにちは」と言うだけで、それ以上は言わないようにします。あるいは、相手の人が「このごろ調子悪いんですわ」と言われたら、「いや、よかったですね」とは言わないでしょ。「まあまあ、お大事に」とか、日常、われわれが生きているうえで、一つのスタンダードというのがありますね。それを外さない。

ところが、クライエントの人に会う場合には、むしろ日常のスタンダードを全部取り払ってしまっているんですね。何を大事にしているかというと、人間というものは日常に生きているわけですが、われわれの心は、日常を動いているだけではなくて、非常に深いところでは別の動きをしているというふうに私は思っています。そこに注目するわけです。たとえば、ある人が「僕、学校へ行ってない」と言うと、日常生活では、普通「あんた、行きなさいよ」とか「学校は大事ですよ」とか言いますね。ところが、カウンセリングの場面で会うときには「僕、学校へ行ってないねん」と言われたとき、その人が学校へいま行っていないのは損か得かとか、行ったほうがいいんじゃないかといった日常のレベルを超えて、その人が学校へ行っていないという心のもうひとつ底のほうでどんなことが動いているのだろう、と心の深いところに注目しようとします。こういう心の深いところに注目する会い方というのは、日常ではあまりしないようになっていますね。

ところが、われわれカウンセラーは、その人が「学校へ行ってないんです」と言ったら、「ああ、そうですか」とか「行ってないの」と言うだけで、すーっと全部受けとめて待っています。まったく態度が違います。そのとき自分の態度で、「私はできる限り深いところに注目していますよ」と言っているところがあります。ですから、日常の会話とはずいぶん違ってくるわけです。

クライエントの人が、来てすぐに「先生、最近○○という映画を観たんですよ」と言われたら、日常生活だったら「どこで観たの」とか「監督、だれ」とか、そうふうに言うでしょう。僕はそう言わないで「○○という映画を観たの」「ああ、映画ですか」と、それで終わりですね。どういうことかと言うと、その映画から右へ行こうが左へ行こうがどこへ行こうが、私は全部聞いていますよ、というわけですね。「映画を観たんですよ」と言ったあとで、すぐにまったく違う話をして、「映画はともかくとして、ここへ来るときのあの受付の態度は何ですか」と言われても、「ああ、受付がね」と、パッと言いますね。それは、相手がどういうところへ心を動かしていこうと、それについていくということです。

日常のところで引っかかると、そこで会話が成立してしまいます。わかりますか。相手が「映画を観てきたんですが」と言われて「どんな映画ですか」とか「劇場はどこですか」とか「主演俳優は」とか言っていたら、それで一時間たってしまいます。本当はその人は映画の話をずっと続けたくなかったのに、こちらが関心をもったために、そこにとどまってしまうわけですね。だから私は、それは一切やりません。相手の心の深いところの動きに焦点を合わせようとする。日常会話に慣れている人からみると、何か非常に変な感じがするんじゃないかと思いますが、クライエントの人は、パッと会ったら、だいたいわかるんじゃないでしょうかね。ともかくわれわれは、普通の人間ではないということ、普通の応対はしないということです。

心を開いて待つ

そして、非常にたくさんのクライエントの人が、一回目に来られたときの帰りぎわに「こんなことを言おうとは思ってもいませんでした」ということを言われます。それは、自分としては、たとえばいま学校へ行っていないとしたら、「あの先生、大嫌い。あの先生さえいなかったら学校に行くんだけどな」なんて思って来ているわけですね。ところが、来て「学校へ行ってない」と言って、僕が「ああ」とか言っているうちに「うちのお父ちゃんはな……」とか言って、お父さんの話なんかぜんぜんする気はなかったのにワーッと言ってしまって、自分で驚いてしまうというようなことがすごく多い。

それはどういうことかと言うと、われわれは普通、日常生活をするために自分の心のなかの深い動きというのに、あまり注目しないようにしているんですね。あまりそっちばっかり注目していたら困るわけです。実際にそうですね。日常生活をスムーズにいかせるためには、自分の心というのはある程度コントロールしなくちゃならない。

たとえば、ここでも私の話を聞いている方は、私の話を聞くということに意識を集中しておられる。ところが心の深いところの動きがものすごく激しい人は、私の話を聞いていても、私が「学校へ行かない」と言うだけでムカムカと腹が立ってきたり、何かほかのことを考えたり、ワーッと心が動きだすはずですね。それは、中の圧力が強すぎる人の場合です。ところが、普通われわれはそれを上手にコントロールしています。そのコントロールを一度外してしまいましょう、一度外して中のほうの動きを見てみましょうと、わざわざそうは言わないんだけれども、そういう態度で私はいるということです。

そこでもう一つ大事なことは、そういうことを言っても安心だというのがないとだめです。なかには、クライエントの人が来られたら、「ここは何でも話をしていいところですから、十分に話をしてくださいさい。何でもいいんですよ」と言う人がいるんですが、そういうことは言われれば言われるほど「こんなやつに言うか」という気が起こってきたりするんですね。

たとえばカウンセリングを勉強した学校の先生なんかでも、ときどきおられますね。「そうか、自由に話をしてもらったらいいんだ。いままで自分は説教ばっかりしていた。これからはやめよう」というわけで、そういう子どもを職員室に呼んできて「今日は先生は君の話を聞くから、全部話をしなさい」と言ってジロッとにらんだりする。「そんなもの、言うか」とその子は思っていますね。こっちもますますいら立ってきて「何でもいいから言いなさい」とか言うと、「何もありません」「ないことないやろ」とか言って、結局これは心の表面のほうでワーッとやっているだけですね。

そのとき大事なのは言葉で言うことではなくて、自分の態度がどんなに開かれているか、どれだけ待つほうに傾いているか、ということです。これは、私はよく言いますがやっぱり修練です。みんな自分をそういうふうに鍛えていかないといけない。私も自分で思いますが、長い長いあいだ鍛えてこんなふうになってきたのだと思います。一朝一夕でなったのではなくて、スポーツの選手が強くなるように、いつもそういうことを心がけてやってきたからこうなってきた。だからみなさんも、カウンセリングをされるときは、この決められた時間のあいだ、自分は心を開いて待ってみようということを考えてください。そうしますと、クライエントの人が話を始めます。

深いところまで一緒に下りる

それは、日常の生活とはまったく違う時間ですね。いままでだれにも言っていなかったけれど、そういうことを言ってもいいとなると「うちのお父さんは本当は嫌な人なんや。みんなのなかではいい顔をしているからいい人だと思われているけれども、家へ帰ってきたら何とも言えないくらい不機嫌で、ものは言わないけれどもずっと家じゅうに圧力を加えている。何か知らんけれども『しっかりやれよ、おまえら。頑張らないとだめだぞ』というような信号をずっと出している。ちょっと何かしようと思っても、お父さんがパッと見るとか、じっとそこにいるというだけで、みんな縮こまっているんです」というような話が出てきますね。それを僕らは「そうですか、ふーん」と聞いています。

みなさん、どうですか。日常生活のなかの会話というのを思い出してみられたらいいと思いますが、だれかがそういう深い話に下りかけると、だいたい上へ上げるのが日常会話です。それをあんまり出したら危険ですからね。だれかが話をしているうちに「聞いて、うちのお母さんって変な人よ」と言うと、「ほんまやね。でも変やけど、ええとこもあるわね」と、止めるんですね。あるいは「変な人やけど、あなた、ようやってるわ」とか、「まあ頑張ってね。さようなら」と、これで終わりになるんです。

つまり、そこを下りて深いところへ行くというのはこわいことですから、そういうこわいことはお互いやめましょうということで日常生活が成立しているんですが、僕らは、かまいません。どんどん下りて行きましょう、ちょっとぐらいこわくても大丈夫ですよ。なぜかと言うと、私がついていますから。そういうことですね。私も一緒に下りていきますから、と。こういうときに、私も一緒に下りていくという、そういう態度がなかったらカウンセラーはだめですね。ああ、「オモロイこと言うな」と聞いていたのではだめです。

そのうちに、そういうことを言っている人がだんだん興奮してきて、なかには「あんなおやじ、死んだほうがましや」とか言う人がいます。そのときわれわれは、日常会話のように「そんなこと言ってはいけません」とか「お父さんが死んだらどうするんですか」とは言わないですね。私は「ああ」とか「死んだほうがまし……」とか言うだけです。僕は、その人が言った言葉をそのまま言うことが多いです。それは、「そうですね。死んだほうがよろしいですな」というふうに賛成しているわけでもないし、「そういうことを言うのはやめときなさい」と言っているわけでもありません。この人はいま、おやじが死んだほうがましだと言ったのだ、と確認をするんですね。そうだ、死んだほうがましなんだと言うと、その言葉が言った人にパッと返るわけです。

そうすると、こんな人がありました。「死んだほうがましや」と言った学生さんが、しばらくしてどう言ったかというと、「私の学資は父が全部出しているんですが……」と言ったんですね。僕は「ああ、学資はお父さんが全部出している」と言ってまた止まる。すると、その人の心のなかで、あんなやつ嫌いやということと、俺の生活は全部あいつが支えているということの二つがバチンとぶつかって、すごい闘いが起こるわけです。それをやってもらうのがカウンセリングなんですね。

普通は、それをやりません。みんな、そんなことを考えるのはあんまりしんどいから、表面的には「お父さんのおかげや」と言って、片方では「あんなの死ね」と思ったりして、バラバラになっている。ところがその二つを心のなかにもって、心の深いところであなたはその勝負をどうつけていきますか、私は常にあなたと一緒にいますよ、ということをやるわけです。どっちが勝ったほうがいいとか、どっちを応援するとか、どうなりますか、というようなことは言いません。ただ、大変ですから一緒にいます、と言うわけです。

そうは言うけれども、これは実際にみなさんやってみられるとわかりますが、相手の言うとおりにサッとそこについていくというのは、なかなかできませんよ。たとえばある子が「おやじなんか、死んだほうがましや」と言っているときに、こっちも声が震えてきて「あの、死んだほうがましと思っておられるんですね」なんて言っても、相手の人と一緒じゃないですね。こっちがうろうろしていますから。そのときに、そこにパッと一緒にいるというのは、これもなかなか練習というか、人間の修練が必要だと思ってください。自分をそういう人間として鍛えていくわけです。

また、実際に「死んだほうがましや」と言ったあとで学資のことを言ったりして、その人が心のなかの闘いを経験しながら立ち直っていくのを一緒に経験しますと、また次に同じようなことがあっても、こちらも相当な自信をもって、ピッタリとそこについていくということができるようになります。

こういうふうに、普通の日常とは異なる体験を凝縮してその時間にやろうというのがカウンセリングです。日常会話と同じことをやっているのだったら、一週間に一時間会っても、何の効果もないはずです。それだけのことをやっているかどうか、ということが大事ですね。

思春期の子どもは一回目が大事

とは言っても、やっぱこれは難しいことです。そういう意味では、一回目にお会いするときというのは、なかなか難しいですね。特に思春期の子どもたちというのは、一回目がものすごく大事なように思います。一回目に会ったときにその感じがすっとわかった子は次も来ますけれど、一回目で「なんや、このおっさん」と思われたらもうだめです。一回目というのは、すごく大事です。

ただ、非常にうれしいことは、思春期の子どもというのはものすごく勘が鋭いですから、パッと会ったときにわかるんじゃないかと思うのですね。「こんにちは」と言って「どうぞ」と言いますね。座ってくれて、最初は「このおっさん、何者やろな」と思っていると思いますけれど、その子が何か言ったときに、僕らがパッと言う言葉とか態度で何かわかってくれるんじゃないでしょうか。それでも相手にすれば、こちらがどのぐらいの人間なのかということをわかろうとして、あるいはそんなことを意図してないのかもしれませんが、いろいろやる子もいます。

たとえば、こんな子もいましたね。私は中学生でも高校生でも、小学生でもそうですが、はじめて会うときはまったく一人の人間として、ていねいに会います。中学生だからといって「おい、何かあったか」とかは絶対に言わないですね。「どこに座りますか」とか「どうぞ」とか「何でしょうか」というふうに、めったに標準語を使わない僕でも、カウンセリングではちゃんと標準語でていねいに言います。もちろん、話をしているうちに仲よくなったら「なんや、おまえ」と言い出すかもしれませんけれども、それは仲よくなったからそうなるのであって、はじめからいわゆる中学生向きのものの言い方というのは絶対にしません。できるだけていねいに応対します。

そんなふうにやるのですが、来週の何月何日何時に来てくださいというのを忘れないように紙に「何月何日何時にお会いします」と書いて渡したら、あるときその紙で飛行機を作ってパーッと飛ばした子がいるんですね。僕が「ワーッ、飛んだなあ」と言っていたら、その感じでその子はもう来る気になるんですね。飛行機を飛ばしてみて「何だ、そんな大事な紙を」とか「ふざけるな」とか言うと、もう来ないですね。といって、その飛行機にあんまりこっちが喜びすぎたら、「こいつはちょっと軽いな」となってしまう。

しかし、長い間やっていると、中学生、高校生というのは本当に「やるな」ということをやってくれますね。僕は好きですけれども、「なるほどな」なんていうことをやってくれる。それをこっちが「うん、やってるな」と思って見ていたら、彼らはちゃんとやって来ます。それが不思議です。そんなに話がなくても、来てくれます。そして、会っていたら、だんだんとその世界が大事な意味をもつようになる。そういうふうな意味で、日常とは異なる、次元の深い会い方と言いますか、そういう会い方をする場合は、時間とか場所というのをきっちり決めて、それを守ってやらねばならないということになります。

職業としての三要件

カウンセリングを職業としていく場合は、時間と場所と料金が非常に大事な三つの要件になります。来る人も、たとえば一時間五〇〇〇円払ったら、五〇〇〇円払っただけの価値がなかったら次からもう来られない。そうですね。会っているほうも、五〇〇〇円払っていただいて価値のないことをしていたのでは続かない。真剣さが変わってくるわけです。ですから、だいたい時間と場所と料金を決めてやっている場合が多いです。

ただし、これはいろいろあって、政府の仕事として、たとえば児童相談所でやっておられる人は料金を取らないですね。あるいは、企業のなかでやっておられる人は、企業のなかの人から料金を取らない。料金を取っているところと取らないところとでは、ちょっとニュアンスが違ってきます。そして、やっぱり料金を取らずにやっていると、よほどしっかりしていないと、ちょっと枠組みがだらけてしまうようなところがあります。

というのは、カウンセリングというのは、実際自分が受けるとわかりますけれども、軽い場合はすーっといろいろなことがわかって「よかったな」というふうに終わりますけれども、ちょっと難しくなると、さっき私が言いましたように、深いところの心の闘いというのが出てきますから、受けていることがすごくしんどくなるのです。そのしんどいことを克服していくなかから解決が出てくるんですね。ところがそのとき、クライエントの人が自分で解決するわけですから、クライエントは苦しさに耐えていかねばならない。そういうときにちょっとでも甘い気持ちが起こってしまうと、どこかで逃げてしまう。ですから、時間と場所と料金があるということは、私は非常にいいことだと思っています。そういう意味で、料金なしでやっておられるところは、その欠点をどうカバーするかということを常に考えていないといけないと思います。

時間を守らない人

こんなふうに、常識とはちょっと違うようだけれど、カウンセリングでは時間を決めてやっています。

ところが、なかには時間を守らない人がいます。というのは、昔の日本文化ではみんな時間と関係なしに生きていましたから、そのことをまず第一に念頭に置いておく必要があります。もうこのごろ都会ではあまりありませんが、私が日本でカウンセリングを始めたころは、やっぱり田舎からの人もいろいろ来られましたから、「二時」と言うと「それやったら二時に家を出たらえな」なんて思っている人がいたり、「遅く行ったら失礼だから一二時に行こうか」と、ずいぶん早く来られたりするんですね。そういう日本的感覚の時間で来られる人がいました。

そんな人に対していちいち怒っていたら話にならないので、はじめのうちはちょっとそれも覚悟していて、慣れてくると「変かもしれませんが、カウンセリングは時間どおりにやることになっていますので、これは守ってください」と、だんだん説明するようにします。私は最初のころ、はじめての方が一時に来られると言っても、二時から次のクライエントが待っていたりしたら困りますから、ちょっと時間の余裕をみて間をあけておくとかしていました。そして、そういう人にもだんだんと「カウンセリングというのは、申し訳ないけれど、ちゃんと時間を守ってやることになっていますので」とわかってもらうようにしました。

学校のなかでスクールカウンセリングをしている人とか、企業のなかで産業カウンセリングをしている人にはこういうことがよく起こると思います。それは何故かと言うと、〝仲間〟という感じがするからです。「身内やないか、おまえ。細かいこと言うなよ」という感じがあって、時間をちょっとずらす人がいます。それをいちいち怒っていたら仕事になりません。しかし、そういう人を受け入れながら、結局は「時間を守らないといけませんよ」ということを、だんだんと伝えていくことが必要です。

「いつ来てくれてもかまわないのだけれど、どうしてもカウンセリングというのは時間にしばられています。たとえば、あなたが来られたときに、私は二時から三時の人に会っているかもわからない。ですから、いつも会えるというわけではないのです」というふうに説明をして、時間をきちっと決めてやっていることを伝えます。けれども、あたまから「時間どおりにしないとだめですよ」と言う、これはだめなんですね。特にスクールカウンセリングとかで行っているような人は、このことについてよく考える必要があります。

時間におくれて来る人

ところがもっと難しいのは、クライエントの人が、おくれて来たり時間を延長したりということを、あまりしんどいのでやってしまう場合です。たとえば、私が「二時から二時五〇分まで」と言っていても、二時に来られないんですね。われわれとしてはちゃんと待っているわけですから、来られなかったら「どうしたんだろう」とか「何か事故でもあったのと違うか」とか、いろいろ考えますね。もちろん長い間やっていると「ああ、あの人は今度は来ないかもしれない」とか、「次は、時間どおりに来れないのでは」とか、そういうことがわかることがありますから、そう思っている場合はいいのですが、そうではなくて、だいたいうまいことといっていると思っているのに来られない。どうしてかなと思っていると、二時二〇分ぐらいに来られたりしますね。

そうすると、二時から二時五〇分という約束ですから、おくれて来られても、われわれはだいたい二時五〇分でやめますね。それが普通です。ですから、来られた人が「遅刻してすみません」と言われても、「いや、別にすまんことないですよ。損しているのはあなたですから」と言います。こちらは何も損をしていない。ですから私が「ちゃんと五〇分にやめます」と言うと、その人はそんなことをされたら困るというので次から絶対に遅刻してこないというのが普通ですが、それでもおくれて来る人がいます。

そして、それでもおくれて来るようなしんどい人というのは、だいたい二時五〇分でやめられないんですね。二時二〇分に来られて、「先生、申し訳ありません。二〇分も待っていただいて」「よろしいよ。五〇分でやめますから」「いや、それはよくわかっています。本当に申し訳ありません」と、そんな話をしているうちに、だんだん二時五〇分が近づいてくると、「先生、お世話になりましたが、来週からは心配いりません。もう私は今週のうちに死ぬつもりですから」なんてことを言われるんですね。「えーっ」ということで、だれだってやめられるはずがありません。「えーっ」と言うと、「もう私は決心しています。本当に他人に迷惑ばっかりかけて……いちばんいいのは死ぬことです。来週には来ませんので、今日は先生にひと言お礼が言いたくて来ました」と言われると、「よくわかりました。じゃあ、さようなら」なんて言っておれないでしょう。そうしたら、二時五〇分を過ぎていきます。やっぱりこちらは心配ですから、何とかして来週来るというところまで約束をしないといけないわけです。すると、ずっと時間が延びていきますね。次のクライエントの人が来て待っていますけれども、命が関係しますから、どうしてもやめられない。三時一〇分ぐらいになって、とうとう元気が出てきて「じゃあ来週もちゃんと来てくださいよ。わかりましたね」と言って、目と目が合って「来週来ます」と言われたら、まあ死ぬ人はありません。本当に死ぬ気の人は、目と目が合って「来週来ます」とは絶対に言いません。目が合わないです。

ところが「ああ、よかった」と思って帰ってもらいますね。次の週、あんなに約束したんだからちゃんと来るかと思ったら、またおくれて来られるんですね。そういう人は、苦しいから仕事も何もしておられませんので、一日じゅう家でブラブラしているわけです。だからちょっと早めに出てきたらいいのにと思うのですが、「今週こそおくれないように出ようと思ったのに、出掛けに電話がかかってきまして」とか、「出ようと思ったら財布を忘れていまして」とか、いろいろうまいことなっているのです。

すると、こっちも聞いているうちにイライラしてくるわけですね。イライラしてしまったら、せっかく時間をとっても、非日常的にピッタリ腰を落ち着けて会うというふうにこちらの態度がなっていないわけです。そうすると、聞きながら「何を言うとるか。財布とか何とか言ってるけど、一日ブラブラしてるんでしょう。朝から出て来たらどうですか」というのは、なかなか言えない。何かそんなことを言うとパッと切れてしまいそうな気がして、自分の気持ちをのみ込んで「ああ」とか言って聞いていますから上の空なんですね。こちらが上の空で聞いているから、その人も言い甲斐がない。そうすると、終わりの時間が近づいてくるにつれて、だんだん死にたくなってくるわけです。完全に悪循環です。こういうことがよくあります。

クライエントの苦しみの表現

そのときに、おくれて来るのをどうしたらいいだろうと考えるよりは、そういうことがあった場合に、あの人がおくれて来ざるを得ないのは、いったいどういうことなのかということを一生懸命に考えるのです。つまり、言ってみたら、二〇分おくれて来るということは、そういうことを僕に伝えておられるのです。「先生には時間どおり会えないのです」と、そう言っておられるわけですね。一つの表現なのです。ものすごく大事なメッセージです。

それはどういうことですか。僕と話をしているあいだに言葉では表現できないことがある。あるいは、せっかく言葉で表現しているのに先生は完全に受けとめていない、ということです。僕が、その人の言ったことをそのままピッタリ受けとめていたら、時間どおりに来られるはずですね。ところが、どこかでちょっとそれがうまくいっていない。あるいは、その人があまりにしんどすぎて、自分のしんどさをうまく口で言えない。「先生、もうつらいんです。死にたいんです」と言って、僕が「そうでしょうね」と言っても、その人の本当に言いたい、つらくて死にたい気持ちと、僕が「そうでしょうね」と言っているのとが、ちょっとずれているのです。それを僕にいちばんはっきり伝えようとすると、二〇分おくれて来るというぐらいが、ちょうどいいんじゃないでしょうか。

そういう場合に、僕は、その人が本当に言いたい苦しさ、つらさというものはどういうものなのだろうということをすごく考えます。それを、僕はその人に言葉で言えるだろうか。それがうまくわかって言えるときもありますが、なかなか難しいです。あるいは、苦しいからおくれて来られるのがわかっても、やっぱり「おくれて来る」ということで僕にそれを伝えるということに、どこかはまり込みすぎているんじゃないか。だから、そういうパターンができてしまっている。このパターンを壊すためには、こちらも一度きちんと自分の姿勢を明確にする必要があるのではないかというふうに思ったら、「よし、今度はやってみよう」と思いますね。

「今度はやってみよう」と思う場合は、体調を整えるということがすごく大事です。これはスポーツと同じですね。やっぱり勇気凛々でないとだめです。いい加減に「またちゃんと来てくださいよ」なんて言っても、だれが来ますか。「今度おくれて来たら、もう命がかかっているぞ」というぐらいのファイトをもっていないとだめですね。そのときには、こっちは取っ組み合いになっても負けないぐらいに、ちゃんと飯を食って、十分に寝て、体調を整えて、おくれて来たらそれこそ入り口で怒鳴りつけるぞ、ぐらいの覚悟で待っています。そうすると、ちゃんと時間どおりに来られることがよくあります。あれは、ものすごく不思議に思います。何かこっちの気持ちが決まるのと、向こうの心が決まるのとは、不思議にピッタリ合うことが多いですね。

僕がお会いしている人に、実際そういう人がおられました。いつもおくれて来る人で、おくれて来てはいろいろ弁解されるので、今度来て何か言いかけたら「弁解は結構ですから時間どおりに来てください。どんなことがあっても二時五〇分にはやめますから」と怒鳴ってやろうと思ったら、ちゃんと時間どおりに来られて拍子抜けしたことがあります。やっぱりそれまでは、どこかで姿勢が狂っていたのですね。それが、お互いにピタッと合ってきたら、時間どおりに来れるのではないでしょうか。

苦しみを伝えられないクライエント

あるいは、こういう経験をしたこともあります。おくれて来る人があったんですね。これは、みんな初期のころの話ですよ。いまはもう、あんまりそういうことはありません。僕が若いころ、三〇年ぐらい前の話ばかりですが、そのころに一人大変な方で、いつもおくれて来る人がおられました。

そういうころは、僕も若くて暇でしたから、その人が五〇分をすぎて時間を延長しても次の時間があいているんですね。実際に時間があいているので、ずるずる会ってしまうこともできるわけです。いまでしたら次々に人が来て、完璧に時間が詰まっていますから、そんなことをしておれないということもありますが、そのころは、おくれて来られると、こちらも時間が延ばせるということもあるから、ついついサービスしてしまいます。それでも「これではいけない」と思っていました。

その方は、ものすごく強度の対人恐怖の人でした。人がこわくてこわくて、必死の思いで来ておられたのですが、ものすごく苦しい人というのは、僕の前にすっと立ったときにはその苦しみを伝えられないんですね。言葉で言えない。だから、何となく普通の話になってしまったりして、僕も、その人が自分の家から僕のところに来るまでに、どんな苦しい思いをして来ておられるのかを実感できませんでした。いまでしたら、そういう人が来られても実感できるようになっていると思いますが、そのころは、その人の外見とか話にごまかされて、「おくれて来なくてもいいのに」ぐらいに思っていたわけです。

ところがあるとき、その人と会って三時間もしてから、僕が電車で家へ帰ろうとしたら、そのクライエントの人が、まだ駅にいるんです。その人は、人がこわいからあっちこっちのトイレに入って隠れているわけですね。元気を出してはバーッと電車に乗って、こわくてたまらなくなったら降りて、また駅のトイレに入っているという人だったんですね。だから急行には絶対に乗らない。ちょうど僕が駅へ行ったときに、トイレからその人が真っ青な顔をしてバーッと走ってきて、さっと普通電車に乗るのを見たわけです。それを見て「ああ、あんなに苦労をしながら僕に会いに来ているのか。これは、おくれて来て当たり前だな」というふうに思いました。このことは、非常によく覚えています。しかし、それだけの苦しみをその人は僕に伝えられない。その人がなかなか難しい人だからでもあるし、僕という人間も、それをパッと受け入れるだけの力がなかったからだと思いますね。

それがわかったので、今度はどうしたかと言うと、「二時から二時五〇分」と言っても、おくれて来られても大丈夫なように時間を設定しておきました。そうすると、腹が立たないぶんだけ違いますね。

これは、やられたらわかりますけれども、二時だと言って二時からずっと三〇分待っていたら、その三〇分間は何もできません。待っていますからね。何かしかけても窓から外をのぞいたり、うろうろしたり、ちょっと本を読みかけてまたやめたりと落ち着かないわけです。けれども、いくらおくれて来ても大丈夫ということになると、二時から本を読んでいても、待っているあいだ、ちゃんと集中して読めるのですね。だから、その人がおくれて来ても腹が立たない。ですから、腹が立たないぶんだけ、ちゃんと会えるのです。

ところが下手をすると、待っているあいだの腹立ちというのを僕が解消できていないから、その人と会っているあいだも、うまくいかないんですね。さっきのような悪循環が起こるわけです。しかし、「あの人は、おくれざるを得ないんだ」と思ったら、おくれて来ても大丈夫なようにしておく。そんなふうに、こちらが「おくれて来てもいい」という気持ちでやっていると、だんだんその人もおくれる必要がなくなってくるんですね。そんな経験を、もうずいぶん昔ですが、したことがあります。

時間どおりに帰れない人

その次に難しい人は、時間どおりに帰れない人です。これは、子どもの場合もよくあります。私はいまプレイセラピーというのをやりませんが、子どもでよくあるのは、夢中で遊んでいて「はい、終わり」と言うと「いや、終わらない」と言って、ワーッと遊びだす子ですね。そういう子に限って、「終わり」と言うと、急に砂をパーッとまいたりします。片づけるだけでも大変ですからね。

大人の人の場合は、「終わります」と言っても「はい」と言って座ったままですね。「じゃあ、終わります」と言っても足が立ちません。しかし、つかまえて立たせたりしたら大変です。体にさわると大変ですから。実際に私が知っている例だけでも、そこでいろいろなことが起こって、訴訟になったりしているものもあります。

ずっとカウンセリングをしていて、最後に「終わります」と言っても「立てません」と座っておられたら、「立ちなさい」と言いたくなりますね。思わず手が出たりして、それで、セラピストになぐられたとか暴力的セラピストだとかいうことになって、訴訟になったりする例もあります。実際、私が仲裁に入った例もあります。それから、私のところへ来て、カウンセラーに暴力をふるわれたと訴えた人もかなりあります。

そういう人は、帰れないんですね。どうしたらいいか、これはものすごく難しい。こういうことも、最近では、私はもうよほどのことがないとありませんが、そのときには、すごい大人物とお会いしているのだという覚悟が要りますね。その覚悟ができていないとだめです。覚悟なしに「立て」とか「帰って」とか「お願いします」とかやっても、それはだめなんですね。その人は何も嫌がらせでやっているわけでもないし、立てるのに座っているわけではなくて、本当に立てないのです。それほどしんどいのです。ものすごくしんどい。そのしんどさを、僕が完全には受け入れられていないということです。

それは当然で、そんなすごい人の苦しみをそのまま僕が受けとめたら、おそらく僕は死んでしまうかもわかりません。それほどのものです。カウンセリングというのは二人の共同作業ですから、その人の重荷を僕がちょっと持ったり、今度は逆にちょっと助けてもらうというか、自分の足で立ってもらったりというふうにしながら、だんだんやっていくわけです。相手の人がワーッと来たときに「ああ、よろしい。全部、私が持ちます」とやったら、こちらがやられてしまうかもしれません。

実際、いまはそんなことはありませんが、二、三〇年前には、ひょっとしたらこの重荷に耐えかねて、つらくて僕のほうが死ぬのと違うかと思ったことがありました。ところが、このごろはそういうことが起こっても、「大変だろうな。僕はそんなにできないかもわからん。それでも、時間がきたら帰ってもらわないといけない」ということをはっきり自分が思って、そこにすっと一緒におりますと、だいたい帰られます。不思議なものですね。「どうぞ帰ってください」と言いますと、なかには、ものすごく怒る人がいます。「先生ってそういう人ですか。時間だけで生きてるんですか。私の苦しみがわからないんですか」と言われたら「そうでしょうね」と言って、「どうぞ帰ってください」と言う。それだけです。また不思議なことに、みんな、それで帰っていかれます。

そのときにちょっと狂ったら、それこそいま言いましたように、こちらとしては手を出さざるを得なくなってしまったり、いろいろなことが起こるんじゃないでしょうか。そのときに大事なことは、私がその人の苦しみを本当にわかっているということと、人間というものは残念ながらある程度は常識に従わないと生きていけないということ、そのつらさをわかって私がそこにいるということです。そこから逃げないということです。

「いやいや、常識ですから、帰らないとだめですよ」と言うわけでも、「そんなにしんどいんだったら、どうぞいてください。私も一生座っていますから」ともならない。どちらともつかないところから逃げない、逃げないでそこにいる。そうすると、まあ、だいたいは帰られます。本当に不思議です。

それでも、クライエントのなかなか帰れない気持ちというのはよくわかります。本当にそうだろうと思います。すごい苦しみのなかで、一週間にたった一度だけ会っているわけですから。そういう方の場合は、「それなら一週間に二回にしましょうか」というふうに考えていくわけです。

ところが、いまいちばん難しいのは、私が忙しすぎて一週間に二度お会いするということができないことです。そういう場合どうしているかと言いますと、「一週間のあいだに必ず一回、私のほうから電話をかけますから」というふうにしています。私の場合、一週間の予定がだいたい決まっていますから、「何月何日の何時に電話をかけますから待っていてください」というふうにします。こんなふうに非常に難しい方は、一週間に一回しかお会いしませんが、あいだに電話をかける時間を決めてあります。

これは非常に不思議でして、その日の、たとえば一〇時なら一〇時に電話をかけまして「どうですか」と言いますと、「いや、まあまあやっています」「そうですか。それなら、また次会います。さようなら」とだけ言って切れる場合が多いんですね。ところがその一週間のあいだに電話がなかったら、その方はだんだんしんどくなってくるわけです。そうすると、やっぱり考えることは妄想に近くなっていきます。

これは、死に物狂いの恋愛をした人なら、よくわかると思います。死に物狂いの恋愛をして、相手とちょっと連絡がつかなかったら、だいたい妄想がわいてきますね。「ひょっとして好きな人でもできたんじゃなかろうか」とか、「もう私のことなんか何とも思ってないんじゃないかしら」とか、「いまごろはヘラヘラどこかで遊んでいるんじゃないか」とか、そういうことがワーッと雲のようにわき上がってきます。そういう体験を一度もしたことのない人は、本当に気の毒な人です。

人間が必死になってある関係のなかで生きていこうと思うときに、少しでも何かがずれたら、ほとんど妄想に近いですね。おそらくクライエントは、一週間待っているあいだに、だんだんしんどくなってきて、「ああ、先生は私のことなんか何とも思っていないんだな」とか、「いや、いま忙しい忙しいと言いながら、あっちこっち遊び回っているのだ」とか、そういうことを思う。あるいはもっとひどくなると、「あんなことを言いながら、知らぬまに（たとえば自分の友だちの話をしていたから）あの友だちと会っているのかもわからない」とか、そういうことが自分のなかにわいてきてしまうわけです。

それに耐えられなくなって、私に電話がかかってきます。すると、すぐに「先生、何を遊んでいるんですか」と、そういう電話になってしまう。こちらも下手をすると「遊んでなんかいませんよ」となって、けんかになりますね。ですから、そういう難しい人を相手にしていると、よくむちゃくちゃになったり、あるいは、「もしもし、先生ですか。もう死にます。いま死にます」といった電話がかかってきたりします。

私の知っている方で、クライエントから電話がかかってきて、「いま、どこにいるんですか」と言ったら、「ナントカ橋のたもとの電話ボックスにいます。これから、橋から飛び下りて死ぬつもりですので、最後のごあいさつにかけたんです」と言われた人がいました。夜中の一二時に近いときです。

そんなとき、もちろんその人が死ぬのをどうやって止めるかということも大事ですが、それよりわれわれにとってもっと大事なことは、そういう表現をせざるを得なくなったクライエントは、どういうふうに悩んでおられて、それをセラピストの自分はどの程度に本当にわかっていたのだろうかということをすごく考えることです。そして、むしろそちらのほうをちゃんと言ったほうがいい場合もあります。

たとえば、私のクライエントで、何でも「とりあえず」と言うのが好きな人がいましたが、「もしもし」と電話がかかってきて「何ですか」と言うと、「先生ですか。とりあえず死にますので」と言われた人がいます。こっちはびっくりしますね。そのときに「死ぬのをやめてください」と言うよりも、「そうねえ、一週間待ってもらうのは本当に大変ですね。一週間は大変でしょう」と言ったら、「いや、そういうこともないんですわ……」「まあ、とりあえず来週は行きますわ」というふうな会話になった。要するに、こちらが何がわかっているのかということをちゃんと言わないといけない。あるいは、何をわかりそこなっているのかということに気づかないといけないわけです。そういうことの表現として、〝時間が守れない〟ということが出てくるのです。

非日常を体験するグループ

そうしますと、こういう考え方が次に出てきます。一週間に一回か二回、一時間だけだと、どうしても非日常的な話になって日常に帰り、また非日常的な話があって日常に帰っていくということになる。これではどうもだめなので、もっと集中的に非日常体験をするようにしたらどうだろうというので、みなさんのなかにも行かれた方があると思いますが、集中的なグループ体験をするという方法もあります。

そういうグループ体験をしますので集まってくださいというわけで、一五人とか二〇人とかが集まって合宿をする。そうやって集まるところはだいたい人里離れたところが多いですね。めったに町中でやりません。山のなかかどこか、だれもいないところへ行って、一五人だけで合宿する。リーダーの人がいて、「ここでは、みなさん思うぞんぶん何でも話をしてください。ただし、ここで話したことはお互いに秘密を守りましょう」と言う。だれかが何かちょこっと話をすると「そんな日常生活のことじゃなくて、もっと心の底のほうで思っていることをそのまま言いましょう」と言う。そうすると、とうとうしゃべり出す人がいますね。「私はみんなから嫌われていて、いやでいやで仕方がない」とか、「もういまにも死にそうに思っています」とかいう話をされる。わすると、みんながすごくわかってくれて、お互いに「そうや、そうや」という気持ちになる。わかってもらうと「よし、頑張ろう」という気持ちも起こってきますね。ほかの人もまた、あの人があんな話をされるのなら自分も、とだれにも言ってないことをいろいろ話しだす。これが、三日間の合宿であったり四日間であったり五日間であったりします。そういう体験をされた人、ありませんか。

実際に参加されるとわかりますが、だれでも心の深いところにあることを話すというのはなかなかですから、はじめの一日目というのは、みんないろいろ自分のことをしゃべっているようだけれど、本当のことは言っていません。「なんや、こんなもの。高いお金を払ってこんなところへ来て、何も面白くないな」と思う。二日目もやっぱりみんな似たような話ばっかりで、「リーダーが『もっと本当のことを言え』とか言ったらいいのに」と思うんだけれども、リーダーは黙って聞いてばかりいる。こんなことじゃだめだと思っているうちに、三日目ぐらいに爆発したりしますね。そこがまた面白いところです。

爆発して「俺は帰る」なんて言う人が出てきたりして、「まあまあ」とか言っているうちに、だんだんみんな本当の話になってきて、みんなの心がなごんで「よかったな」と思うころには山を下りることになる。こんなふうに人の気持ちがよくわかり、やって本当によかった、ということがわかって山を下りていくわけです。

非日常の体験を日常とどうつなぐか

面白い話がありまして、昔そういうグループのなかに「センシティビティ・トレーニング」というのがあったんですね。つまり、もっと人間の気持ちに対して〝センシティビティ〟つまり〝感受性〟を豊かにしなくちゃならない。そういうところでみんなと話をすると、すごく感受性が豊かになって、みんなの感じることがパッとわかるようになる。たしかに、そのとおりですね。

ある方がそのセンシティビティ・トレーニングを受けてものすごく感激して、あんまりうれしいから友だちの家へ行かれたんですね。ところが行った時間が悪かった。お昼前、一一時半ごろに行ったんです。そして、友だちにセンシティビティ・トレーニングがどんなによかったかという話を延々としたわけです。その友だちの奥さんにしたら「あの人はお昼ご飯を食べて帰るんだろうか、どうだろうか」ということが気になって仕方がない。一二時でそろそろ帰るかと思ったら、一二時ごろからだんだんと佳境に入ってきて、いかにセンシティビティ・トレーニングが大事かという話をしているから、奥さんは「もうしょうがないな。まあ店屋物でもとるか」となりました。その人は、なかなかとセンシティビティ・トレーニングの話をして帰りましたが、友だちの奥さんからしてみると、「あの人は、いったい何のトレーニングをしてきたの」ということになります。こちらがいつ帰るか、いつ帰るかと思っているのに、何もわからないではないか、と。

これはすごくいい話ですね。どこがいい話かと言うと、一一時半には人のところへ行ってはいけないとか、昼前には帰らねばならない、というのは日常の話です。日常の常識です。ところが、その人が受けてきたセンシティビティ・トレーニングというのは、非日常的感受性をどれぐらい鋭敏にするかということですね。だから難しいのは、そういう非日常体験というものと日常体験というものとを、どうつないでいくかということです。

グループなんかで行かれた方や、そういうグループで非日常体験をした方は、それを日常体験にどのようにもっていくかということを、相当じっくり考えていないとだめです。そうでないと、それは、「ああ、なんかよかったな」とか「面白かったな」というだけで終わってしまう。せっかくの体験が生かされないという結果になって、下手をすると富士山の上へただ登ってきたようなもので、「ああ、よかった」と思うけれど、別に、登ってきたことがそれほど日常生活に役立たなかったりするのと同じことですね。

その点で言いますと、毎週一回というのは、そんなにむちゃくちゃに感激しないですね。むちゃくちゃに感激しないけれど、非日常を日常とすり合わせて、また非日常をやって、それを日常とすり合わせて、とやるから、少しずつ自分のものになるわけです。これを間違えて、ときどき「そんなもの、一週間に一回ぐらい会ってる程度では、二年たってもそれほど感激もしないけど、集中的に山の上でやった経験はものすごい」と言う人がいますが、あんまりものすごすぎて自分のものにならない、そういう欠点があります。

集中的にやるのがいけないと言っているのではないですよ。そういうことをやった人は、それを自分がどういうふうに自分の人生のなかに組み込んでいくのか、あるいは、そういうグループをやっておられる方は、来た人がその体験を日常性のなかにどう生かしていくのかということを、相当考えないといけないということです。

もう一つ言えますことは、非常に病理の程度が深い方は、そういう集中的な体験は危なすぎます。みんなのなかでワーッとやるというのは危なくて、下手をすると、そこですごく変な反応が起こってしまったりする。やっぱりその辺のところは、両方考えなくてはならないでしょう。

カウンセリングの期間

そろそろ時間になってきたのですが、最後にもう一つ「カウンセリングと時間」ということでちょっと申し上げたいことは、一回のカウンセリングの時間だけではなくて、カウンセリングでお会いしている長い期間のことですね。一回だけで意味をもつ場合もありますし、一〇年以上お会いする人もあります。長い人ですと二〇年もお会いすることもあります。これは、人によってずいぶんと違います。

これも非常に意味がありまして、長いほどいいとか、短いほうがいいとかいうことはありません。その人のやろうとしている仕事の程度とか、その人の病理の程度とかによって違うわけです。

しかし、やっぱりもともと潜在的な力をもっておられる方は、短い時間で、パッと日常・非日常体験を自分のものにして成長していかれますから、うまくいくときでしたら五回か六回会うだけでも、ずいぶん役に立てることがあります。しかし、非常に病理の深い人の場合は、長い期間お会いするようにするわけです。いま「病理が深い」という言い方をしましたが、もう一つ違う言い方をしますと、課題の大きい人の場合は長くかかることが多いです。

この、何を課題にしてカウンセリングをやるのかというのは面白くて、学校へ行っていない子で、私のところへ来て、学校へ行くようになっても、「学校へは行っていますけど、先生、続けて来ます」と言う子もいます。それは、自分が解決しなければならない心の課題がわかっている子です。わかっているから、学校へは行っているけれども、その心の課題をやり抜くために来ますとはっきり言うわけですね。それとは逆に、こちらは心の課題がまだいろいろ残っているなと思うけれども、「学校へ行くようになったからもう結構です。これでやめます」と言う人もいます。それは、本当に相手しだいです。

われわれはそういうとき、自分の意見を申し上げたり申し上げなかったりします。たとえば「もう学校へ行くようになりましたから結構です」と言われたら、「学校へ行っているからいいけど、何かあったら来てくださいね」とか言う。つまり、こちらとしては心の課題が残っているという思いがありますから、そういうふうな言い方をすることもありますし、また、別にカウンセリングで課題を解決しなくても、その人の人生でその人が自分で解決していくということがありますから、その辺は非常にオープンにしておくといいますか、こちらとしては何も言わないこともあります。

カウンセリング独特の時間体験

それから、ずっと来ておられた方がよくなって「よかったな」と思っていたら、また新たな課題をもって来られることもよくあります。たとえば、不登校で大変だった子が、今度は結婚問題でまた来るとか、結婚が解決したと思ったら、次は子どものことでまた来られるとか、課題が変わることによって来られる人がいます。

それから、長いあいだ会っている人もありますし短い人もありますが、実際にやっていますと、その年月というものが大事なような気がしたり、あんまり大したことではないと思えたりします。一五年ほど会っている人でも、お互いに「こんなに長いあいだ会っているように思えませんね」「何か、ほんのちょっとのあいだ会っているだけのような気がしますね」と言い合う人もあります。一五年も会っているのに、体験としては、ほんのちょっと会っているだけのように思う。

やっぱり課題がすごく大きいと、カウンセリングの時間というのは、じっくりとやって長い時間がかかっているようでも案外短いと思うときもあるし、お会いした二回か三回というのがすごく長い時間というか、ものすごく深い、そういうふうに思われるときもあります。

そんなことを考えたら、私は時間体験というのは非常に面白いものだと思いますね。普通、われわれは「時間」というと時計の時間ばかりを言いますが、カウンセリングでは、時計の時間とはずいぶん違う体験をしているように思います。

永遠の時間感覚をもつ

日本の研究者が頑張ってハワイにすばる望遠鏡というのをつくりましたね。最近、そのすばるで写した映像を見せてもらったのですが、あれはすごいですね。一五億光年むこうのものが写っているというのですから。そこでパッと光った光が地球に到達するのに一五億年もかかっているわけですね。

しかもそこに写っているのは星ではなくて、銀河です。地球を含む太陽系があって、その太陽系と同じものを無数に含んだものすごく大きな銀河系がある。天の川がそうですね。銀河というのは、銀河系と同じだけのすごい星の集団のことで、それが一五億光年むこうに、また無数にあるんですね。何か聞いていたらわけがわからなくなってきますね。いま見ているこの映像は、地球がそのころあったかなかったかわからないようなころのものです。そうですね。一五億年前ですから。一五億年前の光がいまここでキャッチされて、それをわれわれが見ている。そういう宇宙のなかにわれわれが生きているということを思いますと、何か「五〇〇〇万円ぐらいでうるさいことを言うな」と言いたくなるような、そういう心境にもなってきますね。

といって、われわれはふだんは、一〇〇〇円でも二〇〇〇円でも安かったらうれしいし、高ければ腹を立てたりしているわけです。しかしやっぱり、何かそういうとてつもない永遠の時間というか、すごい時間のなかでわれわれは生きているんだという自覚も必要だと思うのです。われわれがそういう時間感覚のようなものをもってクライエントにお会いしているのとそうでないのとでは、ぜんぜん違うのではないでしょうか。

クライエントの人が「いまこうしたい」と、かたくかたく「いま」にしばられているときに、もう少し長い時間、「一〇年や二〇年というのはそれほどのこともないんですよ」というぐらいのものをわれわれがもっているということが大事です。それを言う必要はありませんし、下手に言うと怒られるだけです。そうですね。死ぬか生きるかというときに「もう少し一五億光年ぐらいの考えでやったらどうでしょう」とか言うと、「ばかなこと言うな」と言われるだけですね。しかし、私の言いたいのは、カウンセラーがそういうふうな態度、そういうふうな生き方というものをもって、その人と一緒にその時間を共有しているのかどうかで、ずいぶんと違うのではないかということです。

それこそ時間が来ましたので、これで終わることにします。どうもありがとうございました。

第2章　カウンセリングと人間理解

ご紹介にありましたように、私はこのカウンセリング講座にはたびたび来ております。毎回、根本的には似たような話になりますが、今回は「カウンセリングと人間理解」という題にしました。

ご紹介のとおり、私は二〇〇二年に文化庁長官になり、カウンセリング以外にその仕事もしております。残念なことはカウンセリングや心理療法にあてる時間が少なくなっていることです。けれども、極端なことを言えば、日本人全体を相手に心理療法をしているような、そういうつもりでもおります。

文化庁長官にならないかと言われたときは迷いました。文化というとみな芸術を思い浮かべるのですが、私は芸術家ではまったくない。そういうことですばらしい方はたくさんおられるのでどうかなと思いましたが、ふとデプレッション、抑うつ症という言葉を思いつきました。

よく知られているように、日本人のノイローゼでいちばん多いのはデプレッションです。抑うつ症になって、気分が沈んで、気の毒なことに自殺する人もいる。いま日本の大きい問題は自殺する人が多いということです。年間三万人ぐらいの自殺者がいます。交通事故で亡くなる人が一万人弱ですから、これは大変な問題です。自殺の原因はデプレッション、抑うつ症であることが多いわけです。

英語でデプレッションと言いますと、われわれ心理臨床家はすぐ抑うつ症のことを思いうかべますが、英語圏の人はむしろ不況のことを思うのではないかと思います。不況もデプレッションです。だから、デプレッションをどうするかということは不況をどうするかということで、日本のいまの不況状態をどうするかということと、日本人の抑うつ症をどう治すかということと一緒になっているような気がしまして、それなら私が文化庁の長官になるのも案外よいのではと思ったわけです。

あとでも出てくると思いますが、抑うつ症の人が治っていくときに非常に文化的、芸術的、創造的な力を発揮して治っていく人が多いので、日本人全体がむしろいま文化などに関心を向けるべきではないかと思います。コンサートに行ったり、歌舞伎を見たり、能を見たり、そういう楽しいことがたくさんあるのに、日本人は楽しんでいない人が多い。文化庁長官になったときに新聞社の人が来たので、「日本人の高齢者の方はお金をたくさんもってるのに何も使っていない人が多い。たくさんお金をもちながら、オペラも歌舞伎も見ずに死んでどうする気ですかね」と言いましたら、そのまま新聞に書かれてだいぶ評判になったようですが、私は本当にそう思っています。せっかくのものをそういう楽しいことに使ったらどうかなと思います。そういうために文化庁長官になっているので、あながち心理療法と無関係ではないと思っています。

理解をあせらない

カウンセリングや心理療法というものは、本当に不思議なもので、なかなか「これだ」と決めつけて言えない。あるいは「これが大切です」というように決めつけられない。今日、私は「人間理解」という題を出しましたが、人間理解などそれほど大切ではないと言う人がいても不思議ではないかもしれないと思います。

相手を理解しようと気持ちのあせっている人は、カウンセラーや心理療法家に向かないかもしれません。たとえばよくやることですが、学校に行っていない子がいると「なぜ学校へ行っていないんだろう、それを理解しなくちゃならない」と思うので、「なぜ学校へ行っていないの」とすぐ聞いてしまう。でも、学校へ行っていない子は自分がなぜ行けないのかわからないことが多いのです。理由はわからないけれど行けない。

ところが、「なぜ学校へ行ってないの」と言われると、どうしても答えねばならないと思う子もいる。なかには「そんなことわかってたら行ってますよ」と言う子もいます。そう言ってくれるのはまだよいほうです。サービスして何か言わなければいけないというので、本当はそうではないのに「最近成績が下がったから、学校へ行ってない」などと言う。「そしたら成績が上がったら行くんだろう。だったら家庭教師をつけて成績が上がるようにするから行きなさい」とか言っても、行かない。「最近学校の先生に叱られたから行かない」などと言う子もいます。そうするとすぐにその先生をさがし出して、「あんまり生徒を叱らないでください」と言う。また極端な場合、「近所に犬がいて怖くて行けない」と言った子も実際いますが、そうするとその犬をどこかに移してもらう。それでも行かない。そのように、「なぜ、なぜ」とカウンセラーがあせってしまうと、かえってうまくいきません。

しかし、一般にわれわれは「なぜ」と言うのが好きです。「なぜそうなのか」と思うのは当たり前のことです。「なぜか」ということがわからないとき、非常に不愉快になったり不安になったりするからです。会合でもだれかが欠席したら、みな「なぜ欠席してるの」と言います。風邪で休んでいるというような理由を聞いて、「ああ、そうですか」と納得する。納得するという言葉はなかなかよい言葉で、それで心が少し納まります。ところが「欠席されますが、理由はわかりません」などと言われると、何か不愉快な気がしてくる。それはわれわれ人間は、これはこういう原因でこうなっていますとか、こういう原因があるからこうなるのですというような考え方が非常に好きだからです。原因がわかっていないと不安になるので、すぐ「なぜ」と言いたくなるわけです。

しかし、「なぜですか」というのをしばらくやめてみませんか。直接「なんですか」と言うよりも、この人間はいったいどういう考え方で生きているのだろうか、どんな生き方が好きなのだろうかというように考える。すぐに、「なぜ」とか「どうですか」と言うよりは、ゆっくり構えていこうとするほうが、人間理解というのが意味をもってくるかもしれません。

カウンセリングを始めたころ

私がカウンセリングを始めたころは、相手をわかろうとするよりも、ともかく相手を受け入れることが大事だとよく言われました。だから、学校へ行っていない子が来たら、「なぜ学校へ行ってないの」と聞いたりしないで、学校へ行っていないというのを受け入れたらよい。その子が学校の話などまったくせずに、「僕はこのごろロケットの絵を収集しています」と言えば、「そう、ロケットの絵を収集してるの」というようにそのことを受け入れればよい。そうするとその子は、「こんなロケットとこんなロケットとこんなのがあるんだ」と言う。すると、「へえ、そんなロケットがあるの」というように受容する。「ロケットはおいといて、学校はどうなってるの」とか、「ロケットと学校の関係はどうなってるんだろう」とか、すぐにそういうことを考えるよりも、ゆっくりと受け入れるほうがよいということをすごく教わりました。

はじめのころ、あまり経験もなく知識もない私がそういう考え方で一生懸命にやっていたときに、非常に印象的なことがありました。大学の教師になってすぐですが、自分がやりたいものですから学生相談室を開いていました。そのころにしてはまだ非常に珍しかった。すると、自殺未遂をした学生がいて、すぐに「学生相談をお願いします」ということで、その学生のところへ私は呼ばれて行きました。その学校は熱心な先生が多くて、担任と何かの係の先生とかが三人ほどいました。そこへ若い私が呼ばれて行って、先生方と一緒に「いったいなぜ自殺未遂をしたんでしょう」と話し合いました。けれど、わからない。聞いてもなかなかわからないわけです。いろいろな話をしているうちに「まあ、そっとしておくのがいちばんいいでしょう」ということになって、みんな帰って行かれました。

私はそのとき思いました。私はまだ三〇代の若造です。ほかの先生は、経験豊かでしかも文学などをやっている先生が多いので、人間とはどういうものかとか、死とは何かとか、自殺の意味はとかいうような人間理解という点で言うと、「そういうときにはそっとしておきましょう」と言って帰っていった先生のほうがよほどよく知っていると思うのです。ところが、そのとき私が思ったのは、人間に対する理解はよほど深いかもしれないけれど、自殺未遂をした子のそばへ行って、「あなた自殺未遂したの」と言って話しかける。その子が何か話したら、それこそ「ふんふん」と話が聞ける。それができるのは僕だけだと思いました。ほかの先生方は、人間をよく理解しているとか、死について理解しているとかいう点で、僕より深いかもしれないけれども、その子のそばへ行って、ともかく話を聞きましょうということができるのは僕だろう。僕はカウンセラーとしての仕事をしている。だったら、そのときに「人間を理解する」ということは、いったいどういうことだろうと思いました。

先ほど言ったように、人間理解という点で、私は若造でいちばん話ができなかったかもしれない。ところが、本人に会って話をするという態度は、私はきちんともっているわけです。私は「なぜ自殺未遂したの」などとは絶対聞かないけれど、「こんにちは」と話しに行くと、その子はだんだん話をしだして、いろいろなことがそこから出てきます。そのいろいろな話がずっとつながって、だんだんカウンセリングになって、次どうするかということになっていくのです。そのときに思ったのは、人間を理解することも大事だけれども、われわれはともかくその当人に会って、どんな話であれ聞きましょうという態度をもっているということが、すごく強いのではないかと思いました。

わからなくてもうまくいく

似たような体験を違うところでもしたことがあります。私はそのころスイスへ行き、箱庭療法などをもって帰って日本に広めたりしていました。カウンセリングというのは、会って話を聞くとか、受け入れるなどというだけではなくて、人間を深く理解するということがなければできない仕事だなと、だんだん思いだしました。そこで、一時、哲学者や、国文学者、芸術家の人たちと多くつき合うようになりました。そういう人たちと一緒に勉強会をしたりして、いろいろ話を聞く会をもちました。

その会の参加者たちが、「河合さんのやってることはおもしろいなあ。箱庭療法なんかでノイローゼの人が治っていくなんて、不思議で仕方がない。一度そういう研究会に出させてもらえないか」と言われたので、「それじゃあ、研究会に出てきてもらえますか」ということになり、哲学者や有名な芸術家たちが来てくれたなかで、箱庭療法の事例を発表してもらったのです。そうすると、その人たちは、あとで「自分たちはものすごいショックを受けた」と言われるのです。「どこにショックを受けたのですか」と聞くと、クライエントが来て、自分の悩みをだんだん話していく。その辺のことを聞いていると、これはすごい深い悩みで来ておられるということがわかる。あるいは「この人は、心の中にすごく深い傷をもって来ておられる。自分がその人に会ったらどうすればいいのか」と思ったら、もうどうしようもないと言うのです。みな芸術家とか哲学者ですから、受けとめ方がすごく深いわけです。

三〇歳ぐらいの女性がそれを発表したのですが、わりあいさらさらと発表しました。そうすると、「今日発表した人は、クライエントに会って話を聞いているうちに、本当に大変な問題にかかわっているとわかっていたんだろうか。そこは疑問に思うけれども、あとの箱庭の流れを見ていると、箱庭のなかではすごい表現が行なわれて、そして箱庭のなかで来た人がちゃんと癒されて、最後は完全に癒されて治っている。それも自分たちは見ていてわかる。すごいなあと思うけれども、そのときに、あの治療者は何をしていたんだろう。本当にわかってついていっていたんだろうか。さらさらと見ていただけだろうか。自分たちなら、一回目に、来た人の重さにこちらがやられてしまって、自分でどうしようもなくなると思うんだけれど、あの人、わりと平気で、『じゃあまた来週来てくださいね』とか言っている。あんなことでどうなるのかと思っていたら、ちゃんとよくなっていく。そして癒されていく」。癒されていく経過は、箱庭を見ていて説明を聞いたらわかりますからね。「だから、心理療法というのはすごく不思議だと思った。ひょっとしたら、治療者は自分が何をしているのかわからなくても、クライエントは治っていくのではないか」「自分たちは一回目でいろいろなことがわかりすぎて、止まってしまう」。そう言ったのです。

私は、これは不思議なことだと思いました。そしてある程度その人たちの言っていることは正しいと思いました。そういうことを言われたので、自分がいちばん最初のころにやったことなどを思いだし、たしかに、自分が何をやっているかはっきりわからないけれど、うまくいったことというのがあったなと思いました。

すぐに思いだしたのは、スイスのユング研究所に行っていたときのことです。ユング研究所ではいろいろ訓練を経て試験があり、ある線までいきますと、そこから実際にクライエントに会えます。そしてスーパーヴァイズを受けるのです。いまでしたらともかく、一九六三、四年のころでしたから、日本人にスイス人とか外国人とかが分析を受けにくるなどということがあるだろうかと思いましたが、ちゃんとありました。そして来た人から夢の話を聞いていてなかなかわからないところがありましたが、それでもやっているうちにだんだんよくなっていくわけです。最後のあたりはすごい展開をしていって、私もよくわかっていきました。

だいぶたってから、私のスーパーヴィジョンをしている先生が、「実はあれは大変難しいケースだったけれども、それを君に言わなかった」と言われました。それはなぜかと言うと、「大変難しいと思い込んでしまったら、もうできなかったかもしれない。大変難しいのにすごくうまくいっている」。私との関係がです。「すごくうまくいっているから、ずっと黙ってたんだ。ここまで来たから言うけれども」と言うのです。

私も思い返すと、すごく難しい人に会っていたということがわかりました。そしてそれまで二人でやってきたことをふり返ると、本当に大きいことをしてきたなとわかるわけです。すると、はじめからその辺までは、私はあんまりわからないでやっていたということになります。もっとおもしろいのは、先生のほうはすごく大変だとわかっているわけです。ところがそれを言わなかった。つまり、私は知らずにやらされていた。「知らずにやったほうがうまくいったと思う」と言うのです。だから、人間理解というのはなかなか難しい。私は理解をしていなかったからうまくいったようなところがあるというのは、いったいどういうことだろうなとつくづく思いました。

うまくいった理由

そういうことがありましたが、やがて私がほかの人のスーパーヴィジョンをするようになったとき、そのことが非常によくわかってきました。それを私はたとえ話でよく話すのですが、たとえば人がスタスタ歩いていて、橋がかかっているところに来たとします。その人が前を向いてさっさと渡れば、何事もなく渡ってしまうかもしれません。ところが、橋の真ん中まで来たときに、「ちょっと下を向いてご覧」と言われて下を見て、ものすごく深い崖の上を渡っていることに気がつくと、その人はクラクラしてドーンと落ちてしまいかねません。そのときに「下を見てご覧」と言ったほうがよいのか、黙って渡らせたほうがよいのかということですが、黙って渡らせたほうがよいのです。うっかりそこで「あなたは大変な橋を渡ってるのよ。わかった？ ほれ、落ちたでしょ」など、そんなことを言うよりは渡ってしまってから、「後ろを見てご覧。すごい崖だったでしょ。知らぬが仏で渡れることもあるのよ」と言うほうがよい。どちらがよいのかと考えだすと、スーパーヴァイズはすごく難しいものです。

そしてもう一つ、自分で自分のやってきたことをふり返りますと、すごくうまくいって順調に治っていった場合、たとえば人に「これはこういう関係でこうなって終わりました」と説明すると、「はあ」とみんなを感心させられますが、そのときどきで「おまえは本当にそこまでわかっていたのか」と言われると、わかっていないほうが多いのです。

事例の研究会をしていますと、ときどきそういうすんなりとみごとに治った例を聞いて、「うまいことといきましたね」と感心しているあいだはよいのですが、なかに質問する人がいて、「なんでこんなに難しいケースがこんなにすーっとうまいことといったんでしょう」と言われると、なぜうまくいったのか、説明しにくいのです。しかもうまくいく場合はだいたい、偶然に助けられている場合が多いのです。この辺でこの人がだれかに出会うとか、こうやっていたらこうなるだろうなどとセラピストが別に思っていないのに、ちょうどよいときによい人に出会っているとかでうまくいっているのです。そうすると、うまくいったと感心しているけれども、なぜうまくいったかわからないのなら、勉強してもしようがないのではないかという気もしてきます。

ところが、失敗したことははっきりとわかります。事例研究をしていると、失敗したのは「それはここでこういうことをやっているからではないか」とか、「ここで言わなくてもいいことを言ってる」とか、「訪ねていかなくてもいいのに、喜んで家を訪ねていっている」とか、失敗をしていることはよくわかるのです。「ここのところを注意していたらこうなっていたのに」というように言えるのです。

だから私は、非常にうまくいっている場合は「なぜか」というのが言いにくいけれど、失敗したときには「なぜか」ということが必ず言えると言ったことがあります。

クライエントは天才

最近、棋士の米長邦雄さんと対談しました。米長さんは、東京の教育委員会の委員もしておられて、すごく教育熱心な方です。そのときは羽生善治さんも一緒でした。羽生さんと話したときにそのことが話題にのぼりました。将棋にすんなり勝ったときは、なぜ勝ったかうまく言えない。ところが、負けた将棋は説明できると言うのです。負けた将棋は、ここでバカなことをやっているから負けたと言えるけれども、勝った理由はすごく言いにくい。これを聞いて私は「実はカウンセリングでもそうなんですよ」と言うと、羽生さんものすごく喜んでいました。人間というのはおもしろいものです。

将棋で、天才的な人がやるような勝負の話を聞いていて、私は思いました。カウンセリングを受けに来たクライエントはすべて、ある意味で天才だと思って間違いないということです。治療者は天才ではありませんが、クライエントは全部天才ではないかという気がします。なぜなら、クライエントは一人ひとり違う悩みをもってきて、それを自分一人で解決していくのですから。お決まりの方法というのはないわけですから、考えようによってはすごくクリエイティブな仕事です。将棋でも、定石どおりにやっていたら勝つというようなものではありません。カウンセリングに定石などあればみなやると思いますが、そんなものはありません。つまり、その人だけがやれるおもしろい道があって、それを見いだしてみな治っていくのです。

クライエントが本当にぎりぎりまで悩んで、その難しい悩みを何とか克服しようと頑張っているときは、ある意味で天才的だと言っていいぐらいです。だから、すごいひらめきがあって、そのひらめきによってするりとそこを通り抜けていく。そのときはまさに、「ひらめきがありましたなあ」と言う以外、なかなか言いようがない。こうすればこうなるというようなものではないのです。

将棋を打つ人と話をしていると、本当におもしろいです。私などのへぼ将棋では、「こちらがこういく、相手がこういく、こういったらこうなる」と考えます。ところが私の思うとおり相手がやらないから困ります。棋士はそういうことを考えていません。こうでこうでなどと言っているのは素人の考えで、プロの棋士は本当に「これだ！」というのがひらめいて、それをお互いにやりあっているわけです。それと同じことで、われわれのカウンセリングとか心理療法も非常に突きつめたところでは、いま言ったような、これがこれでというようなことを超えたものがはたらく。そこが大事なのではないか。だから単純にこれはどうだ、あれはどうだと説明できないのではないかと思っています。

では、説明できなければ、変に人間理解などと言わないほうがよいのではないか。人間理解などと言わないで、クライエントが来たら受け入れてひらめきを待つ。ひらめかなかったらどうするか。それがいちばん困りますけれどね。とにかくことさらに人間理解などと言わないほうがよいのではないかと思われる。ここのところがカウンセリングというものの非常に難しいところだと、私は思います。

というのは、カウンセリングはカウンセラーという人間がいるからうまくいくのです。これが大事なことです。クライエントの力で治ると言っても、その人だけの力で治るのならば、わざわざカウンセリングになど来なくてもよいわけです。家で「おれの力で頑張ろう」と頑張れば、みんな治るということになるはずですが、これが絶対そうはいかないんですね。

カウンセラーが共にいる意味

これもよく言う話ですが、箱庭療法がうまくいくときには、こちらから何も言わなくても、箱庭を置いて、次にやって来てまた置いて、それでだんだん治っていく人がいます。それこそ、すんなりと治っていく。そういうのを見ていると、人間というのは自分で自分を治す、自分で自分を癒す力があるのだということがすごくよくわかります。だから、箱庭療法というのは治療者が相手を治すというのではなく、クライエントが自分で箱庭を置いて自分で治っていくのだというようなことを本に書きました。

するとある不登校の子どものお母さんがそれを読んですごく感激して、うちの子もこれでやろうと、家に箱庭療法の箱庭を買ってきて、「あんた、毎朝これをやりなさい。自分で置いて、自分で治るのよ」と言ってやりましたが、なかなかうまくいかなかったという話があります。どこに違いがあるのかと言うと、そのときにカウンセラーあるいはセラピストがそこにいるかいないかということが、ものすごく大事なことなのです。だれがそこにいるか、ということです。カウンセリングもそうです。話を聞けば治るのでしたら、だれでもやれるとみな思うのですが、そんなことはありません。だれが話を聞いてくれるかというのが、すごく大事なのです。

だれもが日常生活でもそれをやっています。たとえば非常に悲しいこととかつらいことがあったときに、だれに話をするのか、われわれはきちんと選んでいます。失恋して悲しい、この悲しみをだれかと分かち合おうというとき、駅前に立って「みなさん！」とかやる人は絶対にいません。それから友達に言うにしても、この友達だったらわかってくれるという人を選びます。何かの話をしながら、「実はねえ、失恋したんよ」と言ったときに、面白半分に聞くような人には絶対言わないです。ちゃんと聞いてくれる人を選んでいます。自分の言っていることを真正面から聞いてくれる人を選んでいる。それと同じことで、カウンセラーというのは、そういうときに来た人の話を本当に真正面から聞くことができるわけです。自分で治ると言っても、そういう場を提供しないとできない。

人間理解の大事さ

そのときに、人間理解ということがすごく大事になってくるように思います。はじめのうちは、だれが来ても正面から受けとめてと思っていますが、なかなかそうはいきません。さっき言ったように、不登校の子が来てほかの話ばかりしているときに、「学校のことをいつ言ってくれるのだろうか」とばかり内心思っていると、話を正面から聞けません。大半は「学校のことをいつ言うんだろう」と思いながら、半分ぐらいで「あ、そう」「あ、そう」と言っているわけですから、全部聞けない。その子が言っていることをちゃんと聞こうとすると、われわれも人間理解ということがないとだめではないかと思います。

先ほど不登校でロケットの絵を集めている子の話をしましたが、これは実際あった話です。ロケットの絵を集めている子の話を聞いて大感激しました。ロケットというのは何と言っても発進していくものです。すごい場合は地球を離れて月まで行きます。と思うと、その子はお母さんから離れてどこかへ飛んでいこうと思っているのではないか。お母さんと一緒にいるかぎり、学校へ行かないということもあるのではないかなどと少し思うだけで、その子がロケットに熱心だという話をこちらもすごく熱心に聞けます。ところが、これはものすごく危ない話でもあるのです。

その子はぜんぜんそういう気がなくてロケットの話をしているかもしれないのに、こちらは「わかった、母からの自立だ」と思い込んで、その子がロケットの話をやめてほかの話をしようと思っているのに、「それでロケットはどうなってるの」とか、「もっと集めたらどう」とか言う。そうなるといけないですね。

ある意味でスポーツにすごく似ていると思います。こちらはこう思うけれど、相手はどう思っているかわからない。こちらの思うとおりいったら絶対勝てるはずですが、こちらの考えと違うことが向こうから起こってくる。そのとき、こちらが受けとめたことでひらめいたことと、そのことが相手に合うか合わないかをよく見ておく必要がある。その場合、下手な人ほどロケットの絵を集めていると言うと、「ロケットは大地を離れていくものですから」とか意味ありげに言って、わかったような顔をする。これは言い過ぎになるのです。それでは、こちらがどのくらいそこでものを言ってもよいのかということになってくると、これはやはり単に受けとめているだけではいけない。

人間を理解するという場合、どの程度理解できているのか。理解できている程度のどこまでを言葉で言ったほうがいいのかというような、すごく難しい問題がいっぱい起こってきます。カウンセリングは、それを一つひとつ慎重に考えていろいろやるという態度をもっていなければならないと思います。

たとえばロケットの絵を集めていると聞くと、私なりに考えます。そしてそれに近いことを言ってみて、相手がどんな表情をするか見ます。ニコニコして言ってくるのか、それについてもっと話し込むのか、すばやくほかへ話を転じてしまうのか、常に相手を見ながら確かめます。そして私が思っている方向に相手がついてきたら、またその話をする。

私がカウンセリングしているのを横で聞いていると、普通の世間話をしているように思う人がいるかもしれません。「ロケットの絵を集めています」「へえ、どんなの集めているの」「ロケットにもこんなのがあるんですよ」「へえ、そんなに種類があるの」と、普通の世間話のように聞こえます。しかし、私の心の中では、思春期の子どもが母親から離れるというイメージと、地球からロケットが飛んでいくというイメージを重ねもって聞いていますから、世間話のようでありながら世間話ではないのです。そこがすごく大事なところです。

しかも、その話をどの辺で切り上げるのか、そのまま続けるのかというようなことは、相手に任せながらやっていきます。だから、そういうのでうまくいく場合は、横で普通の人が聞いていると、世間話だけしていてその人はだんだんよくなった、元気になったと思うかもしれません。しかし、私のほうはそうではないということがわかっています。こういうカウンセリングのためには人間理解ということがすごく大事になってきます。

どんな人にも正面から会う

人間理解と言う場合、たとえば思春期の子はだいたいこういう気持ちでいるとか、六歳ぐらいの子どもはだいたいこういう気持ちでいるとか、人間も三〇ぐらいになるとだいたいこうだというように、およそのことを知っていないといけません。基本的にはどんな人が来ても正面から会う。これは間違いないことですけれども、その人の年齢とか性によっても違うということを知っていることが大事になってきます。

私は先ほどから「だいたい」ということを強調していますが、「絶対」ではないのです。そのとき絶対と思うと失敗してしまう。「思春期の子はこうだ」と決めつけてしまうと失敗します。あるいは「三〇代の女性はこうだ」と勝手に決めていると失敗します。けれどもそのだいたいのところは知っておく必要がある。そういうことは、それこそいろいろな講義のなかであれこれ聞いて覚えねばならないことだと思います。

最近もそういう例がありました。たとえば、このごろはスクールカウンセラーがずいぶん学校に行っております。スクールカウンセラーの必要性が言われ始めたのは、不登校やいじめの問題が起こりましたので、それこそ子どもたちの心を理解するには話を聞いてあげることが大事だというので行くようになったわけです。幸いにもカウンセラーたちが非常に役に立ち効果があったので、学校からの信頼が厚くなって、カウンセラーに相談したらなんとかうまくいっている場合が多いというので、このごろは非行の問題もカウンセラーに相談する人が増えてきました。

ところが、カウンセラーのなかには、「私は心の問題で相談に来る人なら会いますけれども、非行なんかで暴れまわってる子には会いません」とか、「できません」とか言った人がいると言います。私はそれは完全に間違っていると思います。われわれは人間が生きるということすべてに関係しているのです。われわれは人間が生きていくうえでなんらかの援助ができる、役に立つことができるというので行っているのであって、不登校の子には役立てるけれども、非行の子には役立てないというのはおかしいわけです。やり方が少し違うだけです。

私はよく言っていますが、思春期というのはサナギの時代です。どういうことかと言うと、人間というものはすんなりと子どもから大人になって死んでしまうのではなくて、段階を踏んでいきます。その過程で、思春期はすごく大変な時代であり、非常に大事な時代だということです。われわれにそのことをよくわからせてくれるものは、毛虫がサナギになり蝶になるという成長の過程です。つまり、毛虫がある日突然蝶になるということはありえない。あいだにサナギの時代がある。外から守られている殻の中で大変革し、そしてある日蝶になって出てくる。

人間の場合困るのは、そういうサナギの時代がうまくできていない。昔はある程度やっていたと思います。たとえば若衆宿というのがありました。あれはサナギを入れておく場所です。その辺は昔の人のほうが賢かったとも言えます。このごろは小学校から中学校へ行き高校へ行って、そして大学へとつながっています。恐ろしいことに中学から高校へ行くときに受験があって、高校から大学に行くときにもまた受験があって、しかももっとつらいのは、日本ではまるでその結果いかんで人間の価値が決まるような言い方をする人がいることです。それはぜんぜん関係ないのですが、どうしてもそのように間違ってしまう。そうすると、中学校へ入ったとたんにどこどこの高校を目標に受験準備ということになってしまうし、高校へ入ったらどこの大学へ行くということになりますが、本当は人間としてはそのあいだにどこかでみなサナギになっているのです。そのサナギの間は蝶のように活動できません。人間は人によってみな違います。わりあい早くサナギの世界に入る人もいるし、遅く入る人もいます。

ところが、サナギのあいだは殻で囲まれた内部で大変革が起こる。その大変革は心も体も変わるぐらいのすごい変化です。そのとき、普通はこもって変わりますので、だいたい中学生ぐらいになると、いままでよくしゃべっていた子が急に無口になったり、非常に無愛想になったりします。自分の中学校時代などをおぼえている人は、そういうのを思いだせると思います。

たとえばときどき来るおばさんが家へ遊びに来ると、小学校時代は喜んで「おばちゃん、おみやげ！」とか言っていたのが、中学校になると好きなおばちゃんが来ても、すぐに「おばちゃん」と言えない。何かチグハグして言いそびれたり、くっついていけなかったりする。そのときに、中学生になるとこういうようになっていくものだとわかる人はよいのですが、なかには怒る人がいます。「何よ、それは」とか、「今までおみやげ！　とか言ってたのに、急によそよそしくなって」とか、言われたりします。

これはよそよそしくしているのでもなんでもなくて、こもり中なのです。「ちょっととりこんでいますので」とかなんとか言えばよいのですが、中学生はそういうことを言えません。本当はとりこんでいるのにそれが言えない。そのときによくわかる親なら、少しチグハグしてもわかります。親にものを言わなくなっても、ああ、いまサナギでこもっているなとわかる。

そういう子どものこもりがひどくなってひきこもりになり、学校へ行かないとかいろいろ起こってくるわけですが、そういう子に対してわれわれはわかっていて、ゆっくりと話し合いをしますす。しかし、非行の子どもというのは、その子のなかで起こる変革が外にあふれ出してしまってます。そう考えるとよくわかります。だから、途方もないことをしないと落ち着いていられない。途方もないことは、普通は心の中で起こるのですが、それが外にあふれ出ているのです。

暴走族でもそうですが、普通に走っていたのではぜんぜんおもしろくないのでむちゃくちゃ走らないとだめだとか、むちゃくちゃ盗むとか、してはいけないことをやらないとおもしろくない。タバコにしても吸ってはだめと言われると吸いたくなるし、ガラスを割ってはいけないと言われると割りたくなるし、そういうことをやっているのが非行の子どもたちです。

こういうことがわかると、「私は心の問題でゆっくり話をする子には会うけれど、非行の子には会えない」というのはおかしいのであって、外でやっているか中でやっているかだけの差ですから、われわれが会うときはどの子も根本的には同じです。どこが同じかというと、まさに人間の成長にとって本当に大変な思春期のなかにいるということが同じです。そして心の中であるか外であるかの違いですが、途方もないことをやりながら、しかしそこをうまく越えれば大人になれる。だから、「うまく越えて大人になるまで、私はちゃんとあなたにつき合いますから、心配いりませんよ」という態度を根本にもっていたら、非行の子に会おうとだれに会おうと同じだと、私は思うのです。

相手をどれだけ理解できているかが根本

ところが、普通はそう思わずに、「あんな悪いことをしてる」とか、「あんなむちゃくちゃやってる」とか、「あの子は落ち着きがないから、話なんかできないだろう」とか、勝手に決めてしまいます。そうすると子どもも要望にこたえるみたいなところがあって、本当にちゃんとそうします。こちらが「いやな子だなあ、また暴れるのじゃないか。でもカウンセラーなのでなんとかやらなければ」と思って、何でもいいから話せばいいかと思ってやると「やかましい！」とか言われて、「やっぱりだめや」と思うとちゃんとだめになってしまう。そうならないためには、相手がむちゃくちゃを言っているときに、こちらは落ち着いてこちらの姿勢をつくっておかなければばだめだということです。そしてそれができているかぎり、うまくいくと言っていいと思います。

非行少年のような暴れるタイプの子は、ともかく暴れないと不安なのです。「こんにちは」と言うと、「こんにちはとか言いやがって、カウンセラーなんか役に立つか」などと言います。そういうときは、「あ、そう」と黙っていればよいのです。向こうはさかんに燃え立っていても、こちらがピリッとしていれば、「この人は自分のサナギの殻になってくれる人だ、守ってくれる人だ」と、どこかで通じるところがあります。こちらがビクビクしながらやっていくと、言葉はどんな丁寧なことを言ってもだめです。腹の中で怖いなあと思いながら「ゆっくり話をしましょう」と言っても、声がふるえたりして、「やかましい！」とか言われておしまいです。そのときに、われわれが人間というものをどれだけ理解できているのか、思春期ということをどれだけ理解できているのか、そういうことが根本として大事だと思うのです。

ついでに言っておきますが、思春期の子が殻を割って暴れたり燃え上がっている最中は、近寄るとやられるだけです。人間が程度を越えて暴れているときは、それに勝とうと思うと武力しかありません。そういうときは警察の力で止めるのもよいかもしれませんが、私たちが行くのはだめです。私たちが行って「静かにしなさい」などと言っても、殴られるだけだと思います。燃え上がっているときは逃げるしかない。ただ、人間というのはずっと長いあいだ燃え上がっていることはできません。これは非常に大事なことです。

暴れまわっている子でも、ずっと暴れていることはできません。どこかで潮時が来ます。あるいは、それを抑えるのであれば、こちらものすごい力で一気に抑えることです。そのときは警察の力を借りてでも抑える。思春期にガラスなどを割りまわっているような子が警察につかまって、そのあとでわれわれに会って「先生、ほっとしました」と言う子がいます。つまり、自分では止められなくなっているのです。ある限界を越えて暴れているときは、自分で止める力がありません。だから、自分で止める力がなくて暴れているときは、こちらも力で思い切り止めてやるか、疲れきったところへ行ってパーンと言うかです。そのタイミングが大事です。また同じようなことを言いますが、そこでも人間理解が大事なのです。しかし、いつもいつも同じではない。ひきこもりの子に会うときと非行の子に会うときとでは、ちょっとずつ違います。

暴れる子にパーンと言ってふっとおとなしくなったときに人間関係ができ、相談室に来てもらっても、何か話をするかと言うと、話のできない子がたくさんいます。まだまだ言葉にならないのです。そういう子とはとにかく「僕はあなたを悪いと思っていない。僕はあなたを変な人だと思っていない。あなたはここを通過すればちゃんと大人になるということがわかっている人間ですよ」という関係だけはつくっておいてから別れ、またいつか会うようにします。そういうタイミングが非常に難しいと言えます。

非行少年の子どもとは、どこで会うことになるかわかりません。廊下で出会いがしらに出くわすときもあるし、学校の門でタバコを吸っているときもあります。そのときの判断を瞬時にしなければなりませんから、カウンセリングでゆっくり話をするのとは、タイミングのようなものやその感じを身につけるということが少し違います。けれども、自分はカウンセラーだから非行少年の子はできないと思う必要はありません。

私は大学で学生相談もやっていましたし、学生が暴れたときには正面から団交して怒鳴りあいもするというふうに両方やっていました。自分がいま何をやっているのか、何のためにやっているのかということがわかると、それにあわせて態度を変えることができる。これがすごく大事なことです。

カウンセラーが自分自身を理解する

ところが、そう思っていてもできないときがあります。たとえば「非行少年なんてレッテルを貼ってはいけない。レッテルを貼らずにここで私がちゃんとやって、乗り越えたらいいんだ」と思っていても、相手の顔を見るだけでいやになったり、「ほかのはいいけど、あれだけはかなわん」というようなことがあります。クライエントが来ていろいろと話すのを、「うん、うん」とわりあい聞ける人と、「何や、同じことばっかり言って」と言いたくなる人とがいます。

次に大事なのは、そういう気持ちが起こったときに、そのようになる自分がどういう人間か、自分自身を理解することが大事になってきます。つまり、ある非行の子が大騒ぎでやって来ても、それなりに静かに黙って落ち着いていられたのに、ある子が来たときだけ急に怖くなったりいやになったりした。その場合は、「あの子の場合、なぜ私はいやになるんだろう」とか「あの子の場合、何で私は怖くなるんだろう」と考えますと、自分のことがけっこうわかってきます。

　もしスーパーヴィジョンを受けていたら、そういうことはスーパーヴァイザーに絶対に話をする必要があります。「不思議なんですよ。この子だけはどうもこういうところがあるんです」とスーパーヴァイザーに話をしているうちに、「自分はどうもこういう傾向をもっている」とか「こういう子はどうも苦手に思っている」ということがわかると、今度は自分を変えていかないといけません。結局、人間理解というのはだんだん自分自身をどれくらい理解するかという問題になってきます。そして、それをやり抜かないと人間理解はなかなか深まりません。

　そういうとき、スーパーヴァイザーは非常にありがたいものです。だからカウンセリングを始めた人は、できるかぎりそういう指導者を見つけることです。その指導者のところに行って話をすると、結局、自分で自分のことを考えなければならなくなります。カウンセラーもその人その人によって癖もあり、個性もあり、傾向もありますが、クライエントと会うことによってカウンセラー自身のことがだんだん明らかになってくる。こういうことが、非常によいところです。

　そして、「自分は思春期の男の子とはものすごく会いやすいけれど、女の子は会いにくい」とか、

「中年の男性はいいけどれも、思春期の子はだめだ」とか、みんなそれぞれ得意なところや不得意なところがありますね。無理をしないで自分の得意なところだけをやっていたらよいというふうにも言えますけれども、「なぜ自分はここが不得意なんだろう」と、よく考えてみることにも意味があります。

そのときに、スーパーヴァイザーと話をするのがいちばんよいのですが、自分は長い間カウンセリングをやってきているがスーパーヴァイザーはいないという場合、思い切ってクライエントにそのことを言ってみるとよい場合もあります。「ほかの人とはうまくいくけれど、どうもあなたとはチグハグしているように思う。あなたはそう思いませんか」とこちらが言うと、クライエントも「何となく先生とはチグハグしますねえ」となって、どこがチグハグしているのかというのを、二人で一生懸命調べる。そういうことをすることによって、治療者自身のこともよくわかると同時に、それを通じてクライエントのこともよくわかるということもあります。

中年期の心理学

先ほど思春期のことを言いましたのは、スクールカウンセラーは思春期の子に会うことが多いからです。大人を相手にしている場合は、すごくよく出会うのが中年期の問題だと思います。「中年の危機（ミドル・エイジ・クライシス）」という言葉がありますが、一九七〇年ぐらいからアメリカでだんだん言われるようになりました。中年期の人間理解というのをわれわれも深めていく必要があります。

中年というのは、実は心理学ではそれまでほとんど問題になりませんでした。一般に心理学でまず習うのは乳幼児の心理学、児童心理学、それから青年心理学と進んで、そこで終わりでした。私も心理学を勉強しはじめて本を読んだり勉強したりしているころに、中年の心理学などだれも言いませんでした。生まれてから青年期をへて大人になったら終わりです。大人になったらうまくいくのは当たり前という考えだったのです。

先ほど思春期のことを言いましたが、大人になりにくい人をどうすればいいのかというので青年期をどう理解するかということがあったのですが、大人になってからはもういいということになっていたわけです。それからしばらくして次に出てきたのは、老年心理学です。これは歳をとった人の問題が大変で、老年をどう考えるかということが出てきたわけです。それでも中年とか大人というのは心理学ではあまり問題になりませんでした。

中年期のことが問題になり、それをすごく言ったのはユングだと思います。ユングは中年ということを非常に重要視しました。なぜなら、ユングのところにそういうことで相談に来る人が多かったのだと思います。ユング自身がそう言っています。

ユングのところに相談に来る人のうちの三分の一ぐらいは、社会で威勢よく仕事をこなし、非常に認められて何の問題もないという人たちでした。聞いてみると社会的地位はある、お金はある、家族はうまくいっている。つまりうまいことずくめなのです。ユングが書いています。「やって来た中年の人たちの問題点は何かと言うと、あまりにもうまくいっているということであった」。あまりにもうまくいっている人は、考えることのレベルが深くなるのです。どうしたら税金をごまかせるかとか、どうしたら自分の地位が上がるだろうかなどということをぜんぜん考える必要がなくなったとき、人は何を考えるのか。それは「いったい自分とは何者だろうか」とか、「人生とは何か」とか、「自分は死んでからどうなるのだろう」とかいうことで、ユングの言い方によると「私はどこから来てどこへ行くのか」というような根源的な問題に向き合わざるを得なくなるのです。そういうことで相談に来られると、カウンセラーとしても「こうしなさい」とか「ああしなさい」とか、簡単に言えなくなります。こうした根本にある問題を抱えるということがあります。

もう少しわかりやすく言えば、子どもから大人になっていくときは、頑張らないと社会に通用しないから、社会でちゃんと通用してうまくできる人間になるというのが目標になります。けれども何もかもできるし、なんでもござれとなったとき、かえって、「自分は本当はあれがしたかった」とか、「自分はこんなことをしないで、ほかのことをしていたらよかったんじゃないか」といった考えも生まれてくるわけです。

考えようによると、人生というのは適当に悩みがあるのがいちばん楽なのです。適当にあれがうるさいとかこれがうるさいとか、何やかや言っているうちは深いことを考えなくてもよいけれど、何でもできてしまうと悩みが違ってくる。夫婦でも適当に問題があるあいだは仲良くやっていますが、問題がなくなると急に難しくなる場合があります。ローンがあるうちが花で、このごろは「ローンは夫婦のかすがい」と言うそうです。ところがローンも払ってしまった。子どもは独立した。何もかもうまくいくと、とうとう夫婦で話し合わねばならないという大変難しい状態になります。それまでは忙しいから夫婦で話し合いをしている暇がない。「おまえ、これやってくれ、おれはこれやるから」「あれできたか」「これできたか」と忙しくやっているので、会話をしているようでいて、実はあまり会話をせずに忙しく生きているわけです。ところが、全部うまくいってしまって、今度夫婦が向き合うと非常に難しいことが起こってくる。「こんな変な考えの人と一緒にいたのか」と、案外そこでわかってきたりするわけです。そうすると難しいですね。

それと同じことで、いろいろなことがずっとうまくいくと、思いがけないことが出てくるのです。「おれはこうしていま社会で成功しているけれど、社会での成功なんていうのは意味がない。そんなのではなくて自分は芸術でもやって、もっと自分の好きなことをしたほうがよかったのではないか」と、いろいろなことがおもしろくなくなってしまって、「家を出て森で一人で住んだほうがよかったかもしれない」などと考えたりします。そんなことは普通は考えませんが、うまくいくほどそういう考えがふいに人間の心に出てくるのです。こうしたことが全部中年になって出てきて、そのときにその扱いに失敗すると大変なことになります。

どうすればよいかわからないというので、心が硬くなったまま動かなくなったら、これは抑うつ症です。要するに、いままで「楽しかったなあ、おもしろかったなあ」と思っていたことに、心が何も動かなくなる。抑うつ症になった人がよく言われます。「いままでは仕事がおもしろくてたまらなかったのに、何にもおもしろくない。なんでこんなことをやってるのか」とか、「金が儲かってそれがなんや」とか言います。それは確かにそのとおりです。しかし、金儲けが嬉しいあいだは本当におもしろいものです。少しでも儲かると「儲かった！」と思うだけで生きていてよかったと思うほどです。それが「一千万儲かろうが二千万儲かろうがどうでもいい」と思いだすと、心が止まってしまいます。そういう人は自分がいままでやってきたことがまったくおもしろくなくなるし、心のエネルギーが流れませんから、水が澱んでだんだん腐っていくような感じになります。

そういう人が中年の抑うつ症によくなるのですが、非常に能力の高い人たちがなりがちだという話はおもしろいですね。ユングのところに中年の悩みで来た人は、すばらしい人ばかりでした。そしてユングがそういう人に会っているうちにわかったのは、これはもう治療者が「こうしたらいい、ああしたらいい」などと言えないということでした。そして、一緒に考えれば何かおもしろい個人としての本当の道がいろいろ出てくるのではないかということを、見いだしていきました。

ユングが「個性化」という言い方をしているのは、そこから本当の個性が生まれてくると考えたからです。ユングの言うことは、はじめのうちはほとんどだれにも認められませんでした。というのは、それまではともかく中年になるまでが問題だったからです。ところが、アメリカで中年の危機が起こってきた。アメリカという国は世界に先駆けてどんどん進んでいて、精力的に仕事をしている人が多いだけに、中年の危機ということがすごく意識されたのだろうと思います。

そしていままではそれが日本にも入ってきました。日本でも精力的に仕事をずっとやってきた人が多い。実際、自殺した人などは本当に気の毒です。横から見ていると、「なんで死ぬのや」と思う場合が多いです。仕事もある、お金もある、家族もある、それなのになぜ死ぬのか。もちろんそのなかには仕事を急に失ってしまったというような人もいます。しかし、「仕事を失っても、それだけの力があったら、何でも探せるやないか」とか、もっと極端に言うと、「すぐに働かなくても、いっぱいお金も持っているやないか」というような人が自殺してしまう。

「創造の病」とは

この謎を解く一つの鍵は、「創造の病（クリエイティブ・イルネス）」という考え方だと思います。中年の研究をした人たちのなかから出てきた考え方です。つまり、生まれてから中年まではずっと勢いがあって社会の中でちゃんとやってきたけれど、そこからもうひとつ自分というものを本当に見いださなければならない。その創造的なことをするために、どうしても病になってしまう。その病のあいだに自分の創造的なものを見つけるのだという考え方です。ですから私は、中年の抑うつ症の人が来ると、いつもそういうつもりで会っています。この人は何を見つけようとしているのか。それはこちらにはなかなかわかりませんが、その人が何か見いだそうとするものに、ついていこうと思います。

ついでに言っておきますが、ここまでは心の治療のことばかり言いましたけれど、まず普通のこととして大事なことですが、抑うつ症には薬がよく効きます。これも忘れてはなりません。ですから、抑うつ症の人が来たら「中年の危機だ」と思うよりも、まず「薬を飲んでください」と言うのが先です。私は、抑うつ症の人が来たら、「それじゃあ、ゆっくり話を聞きましょう」と言うより、まず「精神科のお医者さんのところへ行ってください。薬が非常によく効きますから、それを飲んでください」と言います。実際、なかには薬を飲んで元気になって、そのあいだに自分でもいろいろなことを考えて、あとは心理療法もカウンセリングもいらなくて、そのまますうまくいく人がだいぶいます。これは事実です。だから、何と言ってもまず薬を飲んでもらうことが大事です。

ところが、それだけではどうも難しい。これは、最近そういう研究も出てきていますが、薬だけでよくなった人はまたデプレッションになって薬を飲まねばならないというように、そういうことをくり返しているうちにだんだん薬が効きにくくなるという問題が起きています。そういう人のために、薬を飲んで元気になってもらうけれども、それと同時にいままでの生き方と違うところで何か突破口が開かれるようなことをやる。これは大変なことですけれど、その大変なことをやるのを援助するのがわれわれだ、と思っていると間違いありません。

デプレッションの人はそのように仕事が何もおもしろくないというときは元気がありませんから、カウンセリングに来ても、声も小さい。「もう何もありません。死んだほうがましです」というような話をわれわれがゆっくり聞いて待っていますと、話がふっと横へそれます。「それはそれとして、最近の日本の会社はなっていないんです」というような話になってきます。「そうですか」と言うと、会社の中になんとかという人がいて、「あんな感じの悪いやつはいない。あいつがいるからうちの会社はつぶれるんではないか」というような話になってきます。「あれのおかげでうちの会社は悪くなっている」とか言うときは、いままで死にそうな顔をしていた人がそれまでとまるで違って、すごく元気が出てきます。その人がすごく元気を出して言っていることは、何かその人の進んでいく方向に関係のある場合が多いんですね。そういうときにわれわれが配慮しなくてはならないのは、その人が「あいつはだめだ」とか「あいつが悪い」と言っている方向に、どうもその人は進みたがっているのではないかということです。

これはなぜなのか。実は、自分はそっちへ行きたいのだけれど、そっちへ行くのはいやだから「悪い、悪い」と言っている場合が多いのです。あるいはそういうときに、奥さんの悪口をすごく言う人とか、夫の悪口をものすごく言う人とかがいます。その悪口をよく聞いていると、その悪口のなかにその人の進むべき道が隠されている場合が多いのです。

先ほども言いましたが、そのときにこちらが先立ってものを言う必要はありません。それをしっかり聞いていると、カンカンになって「あんな悪いやつはいない」とか、「あれさえいなかったらうちの会社はうまくいくはずだ」とか、「あいつがいなかったら私は明日からでも会社へ行くんですが」などと言っていた人が、二、三〇分もたつと「まあ、ああいうのもけっこうおもしろいんですが……」とかが少し出てきたりして、言い方が変わるときがあります。

あるいは、このように言うのを聞いていて、私はときどき「そうですか、それは大変な人ですね。しかし、何かあなたはその話をするときはものすごく元気になられますね。来たときは元気がなかったけれど、その人の悪口を言うときはむちゃくちゃ元気がよかったですよ」と言うことがあります。すると、自分で考えるのです。「はあ、そうですね。えらい元気にやってましたなあ」「何ででしょうね」と言っているあいだに、ハッと「案外、ああいうことを自分もやりたがってるんですかねえ」「あれが私の盲点ですかねえ」と、その人自身で気がつくときがあります。

それからもう一つの場合は、いままで自分がやったことがないようなことを一発やってみたいというのが出てきます。それは非常にいいことなのですが、だいたい一発やってみたいというのは恐ろしいことが多いです。極端な場合、「いっぺんあいつを殴り飛ばしてやりたい」とか、ひどい場合は「殺してやりたい」とか、そういうことになったりします。それから「今まで絵なんか描いたことがなかったけれど、いっぺん絵を習いにいきたい」「それだったら習ったらどうですか」と言っているうちはよいけれども、それにものすごくのめり込む人がいます。そして「私は会社をやめて絵描きになる」とか、「小説を書くために会社をやめます」とか言う人が実際にいます。

そのようになるときは、われわれにとって非常に難しいのです。なぜかと言うと、それをやめてしまうと元気がなくなるし、下手にやると生活が破綻します。絵描きになったり小説を書くために会社をやめても、実際はなれない場合が多いです。そうすると、そういう話をしながら、現実のことも言いながら、つき合っていかねばならない。これがわれわれカウンセラーの非常に難しいところで、人間理解と言っても、「影の部分が出てきたなあ。これが中年だ」とわかっていても、それに一つひとつつき合うのはだいぶ修練がいります。つまり、どの辺で止めたらいいのか、どの辺まで賛成したらいいのかということが難しくなります。

はじめに言いましたように、おおまかには思春期はこうなんだ、中年にはこういうことがある、老年になったらこうだとか、男女の関係はこうだとか、男と女はだいたいこういう違いがあるとか、そういうことをどんどん勉強して人間理解を深めることが大事です。

それが個々のことに結びついて、たとえば、ある人が急に「小説を書くために会社をやめます」などと言ったときにいったいどうするのか、思春期の子が「おやじを殺す」と怒鳴ったときいったいどうするのか、その一つひとつを一緒に乗り切ることによって、われわれの人間理解というもののバックボーンができていくのです。単に頭で考えるだけではなく、体でわかるというように言えるものがだんだんできあがっていきます。そうなればどんな人に会っても、ある程度安定して落ち着いて、「今は大変だけれども、必ずそのうちに光が見えてくる」ということを確信しながら会うことができるように思います。

根本的には、希望を失わずに正面から会っているということがいちばん大事だと思いますが、その背後に人間理解があるということを忘れてはならないと思います。

以上で私の話を終わります。どうもありがとうございました。

第3章　カウンセリングと倫理

今回は「カウンセリングと倫理」という題にしました。みなさんご存じのように「職業倫理」という言葉があります。カウンセラーという職業についているかぎりは、その職業についている者として守らねばならない倫理がある。そういう点は、このごろずいぶん厳しく言うようになりましたし、みんなも意識するようになりました。

しかし、今日お話しするのはそのことだけではなくて、カウンセリング全体の中でいろいろな点で問題になったり、課題となって出てきたりする倫理のことを考えようと思います。つまり、カウンセラーというのはどういう倫理観をもって生きているのか、あるいはクライエントの倫理観とカウンセラーの倫理観が違うときはどうするのかなど、そういう点で倫理の問題は常にカウンセリングの中で非常に大きな問題となって出てきます。だから、職業倫理だけではなくて、そういうことをいろいろ全般的に考えていきたいと思います。

文化による倫理、道徳の違い

「倫理」という言葉と「道徳」という言葉があって、これを違うものと考える人と、同じだと考える人と、いろいろいます。今日はそういうことはあまり厳密に考えずにいこうと思います。

もちろんカウンセリングということを離れて、人間として生きているかぎりは人間として従わねばならない規則というものがある。そういうときに、たとえば「人を殺してはいけない」「人のものを盗んではいけない」、こういうのを倫理と言うのか道徳と言うのか名前を変えて考えようとする人がいますが、いちおう広くとっておきます。

ただ、言いたいことは、人間としてこれは守るべきであるということがあったとしても、それを実際に守ったほうがいいのか守らないほうがいいのか困るときがあることです。たとえば、「嘘をついてはいけない」というのがそうです。親にも言われ、先生にも言われ、自分でも嘘をついてはいけないと思っている。しかし、どうしても嘘をつかざるを得ないときがあります。そういうときにいったいどうしたらいいのかということが出てきます。

「一般に嘘をついてはいけないと言われているけれども、私としては、この際は嘘をつこう」と決心してつくような場合があります。そういう場合は、いったいそれは倫理と言ったらいいのか道徳と言ったらいいのか、どちらなのかという難しい問題が出てきます。ですが、そのことはあとで言うとして、いまは倫理や道徳という言葉をあまり厳密に定義しないでおこうと思います。

一つわれわれの場合に難しいのは、日本はだいたい一神教の国ではありませんので、非常に明確な倫理というのはないのです。一神教ですと、たとえば十戒というものがあって、神さまはこうしたらよろしい、こうしてはいけないということを言っておられる。それが、イスラムの世界になっていくと非常に細かいことまでこうすべきである、こうすべきでないと決まっているわけです。ところが日本人の場合はそれがあまり明確には決まっていない。

先ほど嘘の話をしましたが、嘘をつかないということを、日本人よりも欧米人のほうがはるかに守ろうとします。日本人は嘘ということにわりに寛容です。「嘘も方便」などという言葉があって、だれが考えたのか知りませんが、なかには、仏さまが言われたなどという嘘をつく人がいますが、ともかく割合、嘘は方便とみんな思っています。しかし、これは欧米のキリスト教国では通じません。

欧米の文学や小説、あるいは児童文学を読むときに注意してみてください。嘘をつくということをすごい罪悪と考え、絶対に嘘をつかないようにする。しかし、この際どうしてもつかざるを得ないというときには、どれだけ苦しんでいるかということを、よく味わってみてほしいと思います。

たとえば、だれかが私に対して嘘つきと言えば、これは殴ってもよいと言うよりは、殴らねばならないぐらいです。「嘘つき」と言われて「ふーん」などと聞いていたら、これはもう人間として認められません。嘘つきというのは最大の侮辱になります。それだけに、嘘をつかないということを大事にしているわけです。

日本では「ウッソー」とかしょっちゅう平気で言っています。こういうところは文化によって差があります。こうしたことも、われわれは知っておくべきだと思います。

倫理観は括弧に入れて

カウンセリングの場面で、たとえば高校生が来ます。「どうしてるの」と聞いたら、「僕、実際はたばこを吸っているんです」というようなことを言います。高校生でたばこを吸うのは法律違反であるし、吸ってはならないと私は思っているので、そのときすぐに「そんなの、やめなさい！」と言うかというと、カウンセリングの場合は言わないことが多いです。みなさんはどうですか。高校生が来て「たばこ、吸っています」と言ったら、「ふーん」と聞いていますね。

こういうときになぜ黙って聞いているのか。そういうことをするからカウンセリングは甘っちょろいのだと言われることがあります。相手が悪いことをしているのなら、「やめなさい！」とか「たばこ、吸うな！」と言うのが本当なのに、「たばこを吸っています」「ふーん」では、ますますその子は喜んでしまって、「カウンセラーの先生も承認しておられますように、私はたばこを吸っています」ということになるのではないか。これはなかなか難しいところです。

あるいは「僕は学校へ行ってない」と言われ、自分としては学校へ行ったほうがよいと思っているのに、学校へ行っていないというのを「ふーん」と聞いている。いったいこれはどういうことか、ここのところをわれわれはよく認識しないといけない。

非常に大事なことは、たばこを吸っている子が来た場合、その子がどう考えて、どう生きようとしているのか、それを私は何とか助けたい。だから、たばこを吸っているというのは、私の倫理観ではだめだと思っているけれど、その倫理観をしばらくは括弧に入れておくことにする、ということです。

括弧に入れるというのはよく言われることですが、よい言い方です。忘れてしまうわけでもないし、否定するわけでもない。自分の倫理観というものを括弧に入れてクライエントとどのぐらい会えるかということは、非常に大事なことです。

そういうときに括弧に入れる入れ方がうまくいったらよいのですが、そんなにきれいにいかないことがある。それはどういうときかと言うと、相手が「たばこ吸っているんです」と言った瞬間に「何かいやなやつやな」と思ってしまうことがある。けれども、「あっ、これは受け入れねばならない」と思うから、口では「ああ、吸っているんですか」と言う。それでも、腹の底で「こんないやな高校生、来ないほうがいいのに」と思っていると、それはもう相手に通じている場合が多いのです。そうしたことを括弧にきちんと入れていると、クライエントの言うことを聞いていられます。

ところが、まちがう人は括弧に入れません。入れないどころか「まあ、たばこぐらい吸うてもええやろ」という考え方にすぐなってしまう。こういうカウンセラーは、あまりうまくいかないと思います。すぐに相手に同調してしまって、相手の言っていることに対してこちらの倫理観があまりはっきりしていない。簡単な場合は切り抜けられるかもしれませんが。

まあたばこぐらいいいだろう、シンナーもちょっとはいいだろう、というように、いいだろう、いいだろうと思ってやっていると、これはすごく相手と話が合います。「たばこ、吸っています」「ああ、そう。おれも若いときは吸ってたんだよ」などと言うとますます話が合って、「たばこぐらい吸わないとだめだよ」となったら、ものすごく気が合っているように思う。けれども非常に大事なことは、カウンセリングというのは何も気が合うためにやっているわけではないし、相手と仲よくなるためにやっているわけでもない。何をしようとしているのかと言うと、相手の人がそういうことの中から自分の人生の生き方を見出していこうとするのを助けようとしているのです。だから、別に仲よくなる必要もないし、同調する必要もありません。自分の考えはきっちりもっているけれど、括弧の中に納まっている。こういうことがどのぐらいできるか。これをカウンセラーは少しずつ修練していかねばならないと思います。

たとえば、「たばこを吸うのはよくない」というのを括弧に入れたままで聞いていると、だんだん話が変わってきて、「もうたばこなんかやめました」とか「吸いません」というようになって、終わりになっていく。つまり、終わりのところに辿りついたときは、括弧を外してもよくなるわけです。その子が自分で「たばこをやめる」と言っているわけだし、「ああ、よかったね」ということになる。そういうようになっていく場合が、カウンセリングをしていてもいちばんやりやすいし、そうなるようにわれわれはやっているのです。

括弧を外すとき

ところが相手の言うことを聞いて、もう括弧に入れておけないというときがあります。いちばんわかりやすいのは、クライエントが自殺をするというときです。あるいはクライエントがだれかを殺すとか傷つけるとか、そういうことを言う場合です。もちろん自殺をしては困る、死んでは困ると私ははっきり思っているのですが、そのときでも、大事なことは括弧に入れて聞いています。

これもよく言いますが、相手が死ぬという場合でも私たちはすぐには止めません。すぐに止めずに、自殺はよくない、死はいけないというのを括弧に入れたままで「ああ、そう。死ぬんですか」と聞いています。「もうこの世に生きていても仕方がない」と言われたら、「仕方ないんですね」と聞いている。すると、だんだん沈んでいた人が思い返して、「やっぱりもうちょっと頑張ります」とか言ってくれる。そこではじめて私の括弧を開くのですが、終わりまで行っても死ぬと言う人がいます。そのときはやはり「いや、それでも絶対死なないでください」と、止めるしか仕方がありません。

そういう場合に、私はよく言います。「一日生きていられますか」「三日生きていられますか」。するとこれは二人の人間関係ですから、「もう一日ぐらいだったら生きています」「そうしたら、明日の三時に来てください。明日の三時には僕は必ず会いますから」ということで約束して、ちゃんと目と目が合って「明日の三時に来ます」「明日の三時に待っています」ということがピタッと決まれば、自殺されるということはまずありません。

本当に死のうと決心している人は、「明日の三時に来てください」と言ったときにふっと目をそらしたり、「いや、来ますけど……」と「けど」がついていたりして、何かこちらが怪しく思うということがあります。ところが本当にぴったりと合って、「三日後に来ます。それまでは生きていいます」と言って自殺をした人は、私の場合はいません。もしそういうときに自殺未遂をした、あるいは自殺したとするならば、なぜそういうことが起こったのかということをすごく考える必要があると思います。

しかし、最後のところでは先ほどの括弧を外して、死んではならないという私の考えのほうに同調して、「待ってください」と言います。次に来て、また「死にたい」と言われたら、そのときはまた括弧に入れて聞くというようなことをやっていきます。

実際にあったことですが、元気のなかった高校生がだんだん元気が出てきます。元気が出てくるのはいいのですが、元気が出てくると、だれでもありがちですが、いろいろ腹が立ってきて、担任の先生に腹が立って仕方がない。それで「もう、あのセン公、やっつけます」というわけで「今晩、木刀で殴る」と言った子がいます。そういうときに括弧に入れたままで「ああ、殴りたいんですね」とか言って、明くる日の新聞を見て「やったな」ということになってはだめですから、それは絶対に止めなければならない。

みなさんも経験があると思いますが、その人に、たとえば私が「殴るの、やめなさい」と言います。すると「なんや、先生は僕の気持を本当にわかってないんやろ」と言います。それまで「あのセン公はいやや」とかいっぱい言っているのを「ふんふん」と私は聞いているわけですから、むこうにすれば「ここまでわかったら僕が殴るのは当たり前やないか。その気持ち、先生、わからんのですか。それがわからんのに、なんでふんふん聞いてたんや」ということになります。「先生はわかりもしないのにわかったふりをしていたのと違うか」「いや、そんなことない。よくわかっている」「わかっているのだったら、殴ってもええやないか」となります。こういうことは、割合いろいろなかたちで出てきます。

クライエントに試されるとき

私の知っている例では、「お父さんを殺す」と言っていた娘さんで、「いつも持っているんですが……」と言って、青酸カリの袋を見せた人がいます。「これをいつかお父さんに飲まそうと思っているんです」とパッと袋を出して見せます。こうなってくると、問題は、人を殺すのはよいか悪いか、どんな倫理観をもっているのかということではなくて、そのクライエントはカウンセラーの人間としてのギリギリのところを知りたい、ギリギリの反応を知りたい、そういうところが出てきているのではないかと私は思います。

そういうときには、さっき言ったような倫理観のせめぎ合いが出てきますが、そのときこちらはやはり受容しなくてはならないので、「なるべく飲まさないほうがいいと思うけど、まあまあ、しないようにして……」とか言っていると、こちらがどこまで本当に迫力をもってその人に向き合っているのかわからない。

これは、自分がクライエントになってみたらよくわかると思います。クライエントの側から言うと、「あの先生、腹が立ってしようがない。ちくしょう、殴ったろか」と思っています。その気持ちは、普通は口にすると「あほなこと言うな。先生なんか殴るな」と怒られるけれども、カウンセラーは聞いてくれるからいいなと思っている。けれど、だんだん「カウンセラーの先生は本当に聞いているのかな」という気がしてきます。

「本当に僕のことを思ってくれているんだったら、僕と同じ気持ちのはずや。だから、『殴る』と言ったときに『よし、殴れ』と言ってくれるぐらい一緒の気持ちになっていたら自分の味方だけれど、『殴る』と言ったとたんに『やめとけ』と言うんなら、ほかのやつと一緒やないか」という気がしてきます。そういうところで、クライエントは心がなんとも言えない葛藤状態になっています。そのときに、自分でふっと踏みとどまって頑張っていける人は、そういうのを体験しながら最後のところで「やっぱりやめよう」という自分の力が出てくるのですが、そこで自分の力が出てこない人はカウンセラーに向かってくる。それが実際には、「殴ります」とか、「お父さんを殺します」というかたちで出てくるのです。

そういうとき、簡単な言い方をすると、カウンセラーの態度が、腰が、ちゃんとすわっているかどうかが大事だと私は思います。また、そのときにどう言えばいちばんよいのか、どんな方法があるのかというようにマニュアル式に考えるよりは、そのとき本当の自分というものをそこに出せるかどうか、それが勝負だと思ったほうがよいと思います。

カウンセリングは、ある程度のところまではマニュアルがあって、こういうときにはこう言えばよろしいとか、こういうときにはこんなことを言わないほうがよろしいとかいうのがありますが、いちばん根本的なところは、自分自身というものをしっかりそこで出していくしかない。その出し方は、人によってある程度違うと思いますが、まさにそういうときにこそ、その人の個性が示されると思います。つまり、カウンセラーの個性というものがそこで出てきます。たとえば「青酸カリを持っている」などと言われて「ばかなことを言いなさい。それを私に渡しなさい。私が青酸カリをずっとあなたのかわりに持っています」というようなことを反射的に言うと、すごい責任がこちらに来ます。それは、「あなたの苦しみは私がもらいます」と言っているのと同じだと思います。

それはものすごく格好いいように思うけれど、「先生がそこまで思ってくれるんだったら、この先生に何でも頼もう。青酸カリをもらってくれるぐらいの人なら、今度は家まで来てくれるかもわからん」とか「今度はお金を貸してくれるかもわからん」とか、そういうことを思いだすかもしれません。格好よく「青酸カリは、私が持ちましょう」などと言って、次に来られたときに「もうお父さんを殺すのはやめたけど、このごろは食うに困っているので、先生、ちょっと生活費一万円ぐらい貸してもらえませんか」とその人が言いだしたら、これは前に格好よく青酸カリを取りあげたのが、変なことになってきたということがわかります。

では、そういうときにいったいどうするのか。いろいろなことが全部関係してくるのですが、「私としてはこれしかない」というもので断固としてやった場合は、だいたいうまく活路が開けることが多いと思います。

そのときに問題になるのは、「私としてはこれしかない」ということを言うのではなくて、頭で考えてしまう場合です。教科書にどう書いてあったかな、この際はあまり依存的にならないほうがよい、やはり自己決定がいちばん大事だから自己決定の法則に従うことにしよう。そして、「私が持っているのはいいですけれど、その決定と責任はあなたが持つべきですよ」などと言って、クライエントのほうに何もかも放ってしまったりする。その考え方というのは、自分はどう生きているのか、自分がどんな人間として生きているのかということではなくて、どこかに書いてあった法則とかに従って、何となく責任を全部相手に持たせてしまう。そういう言い方をすると、その人は必ず何か変なことをやりだすことが多いと思います。

だからカウンセラーは、ここぞというときに最後の答えを出すのは自分しかいない、自分の個性しかないということを、肝に銘じて覚えておく必要があります。「最後のところでは」ということが大事です。私がいま言いましたように、そこでうっかり「私がかわりに持っています」と言ってしまったりすると、クライエントはひどくカウンセラーに依存的になってくる可能性がある。あるいは「あなたの自己決定ですよ」と突き放したりすると、その人は「なんや、あの先生、いざとなったら私を放っとくんだから」と次から来なくなるかもわかりません。このようにいろいろな場合があるということは勉強すればわかりますので、いろいろ勉強して、勉強したあげくのところで、最後のところは自分の個性というものにはっきりと従っていく、それしかありません。

そういうことが、倫理的な葛藤の場面で生じてきます。これはやはり、難しいクライエントに会っているとよく起こることです。ある意味で言うと、カウンセラーは試されていると言えます。「いったい、あなたはどんな人ですか」ということを、正面からぶつけてきていると思ってまちがいありません。

そういうときには「これしかない」とか「個性」とか言っていますが、これを単純に考えすぎて「ああ、わかった。そうするとカウンセリングというのは自分をパッと出したらうまいことといくんだ」と思われるかもしれません。しかし、そんな調子でやっているとまた、失敗することも非常に多いのです。というのは、こうすればこんなことが起こるというそこをまず知っていないと、ただ一生懸命やればできるというものではないからです。

これはスポーツも一緒です。死に物狂いで必死になっても、下手は下手です。私が死に物狂いで必死になったらプロ野球の選手になれるかと言うと、絶対になれません。選手になろうと思うといろいろ訓練も受けねばならない。いろいろなことをやらねばならないということがあるように、カウンセリングもいま勉強しているように、いろいろなことを勉強しなくてはなりません。しかし最後のところで、そのとき自分がいわゆる倫理的な決定をするという大事なことが起こってくる。これは覚えておいてほしいと思います。

日本の伝統と倫理観

先ほど嘘について言いましたが、クライエントの考え方と自分の考え方、人生観が違うということがあります。クライエントの考える世の中への考え方と、こちらの考え方とが違う。特に日本の場合に難しいのは、日本の伝統的な考え方と西洋から入ってきた倫理観との両方がまじっていることです。たとえば学生さんで私に相談に来る人でも、ずっと都会で育ってきている人と、ずっと田舎にいて大学に入って急に都会に出てきた人とでは、そのもっている倫理観が違います。そういうことをある程度考慮に入れていないと、これはおかしいとか、こういう考え方でやりなさいとか、そういうことは一概に言えない場合があります。

このごろはそういう例は少なくなりましたが、私が学生相談をしていたころ、いまから四〇年近く前になりますが、そのころの学生相談は、面白いことに、クライエントが入ってくるといきなり「先生は見合い結婚と恋愛結婚とどちらが正しいと思いますか」と聞かれることがありました。私が見合い結婚が正しいと言ったら「ああ、そうですか」と言って帰るし、恋愛結婚が正しいと言っても「ああ、そうですか。さよなら」と言って帰る。それぐらいの勢いで来た人がいます。

こういうときはすぐに答えずに「見合い結婚と恋愛結婚と、どっちが正しいんでしょうね」と相手の言うとおり繰り返すと、座り込んできていろいろと話をされる。その人の話を聞いていると、本当に「なるほど」という感じがするのです。当時、その人の育ったところは、生まれてしばらくするともう、だれがだれと結婚するかわかっているようなところです。家と家の格などを考えると、あの人はあの人と結婚するだろう、あの人はあの人のいいなずけになるだろう、とだいたいみんなが思っていて、なんとなくそういう感じで村の中でつき合っている。そして結婚して、○○家も栄え、△△家も栄え、村も栄えるというふうに、みんなちゃんとできているわけです。

そのようにできているところにそのままいたらよかったのですが、大学へ出てくるというようなことが起こる。大学へなど来ないほうがよほど全部うまくいくのだけれど、やっぱり来てしまう。大学に来ると、村にいたときとはまったく違うことが起こります。

たとえば、クラブに入っていると、その人から見るとそのクラブの指導者が、すごく天才的な人に見えます。天才はそうあちらこちらにいないと思いますけれど。いちおう音楽部ということにしておきます。音楽部に入ったら音楽の天才のような人が指導に来る。すると、すぐに天才に恋愛感情が起こってきます。この人と結婚すると人生が幸福だと思う。ところが音楽の天才というのはたいがい、定職についていないし、どうして食っているかはっきりわからないような人が多い。そういう人と結婚するということは、その人の村の道徳観から言えば堕落もはなはだしい。村ではあの人と結婚したら家も村も栄えるというのが決まっている。それを村から言うと、そんな職業もないような、単に少し歌を歌うというようなだけの人間と、なんで結婚するのかということになる。実はその人自身もそう思うのです。思うけれども天才と会っていると、この人こそ私の人生を幸福にしてくれる人だと思う、という話を私にしつづけるわけです。

選び、決定するのはクライエント

そのとき、われわれにとって大事なことは何か。「いや、もういまの時代はそんなふうに家にしばられて生きている時代ではありません」とか、「やっぱり人間の幸福というのは、その家の伝統的なものに従うべきです」とかいった倫理的な決断や、倫理的な方向をもって会うことではありません。私は「伝統的な考え方もすばらしいところがあり、新しい考え方もすばらしいところがある。私はどっちもすばらしいと思っているけれど、あなたはどちらを選ぶのですか」と言います。

そのときに、もっと大事なことがあります。こちらの道を選んだら失うものがある。あちらの道を選んでも失うものがある。あるいは利点もあります。そういうことを一切抜きにして、「現代は恋愛結婚の時代です」とか、「恋愛結婚はだいたい失敗に終わっていますから見合いです」とかいう考え方はしません。われわれカウンセラーは「あなたはどう生きようとしているのか。あなたが生きていくためには、ここのところをよく考えていかないといけませんよ」というように、細かいことを一緒に考えていく。カウンセラーは、それはできます。しかし、最後のところはその人が決めることだと思います。その人がやけになって決めてしまったり、いいかげんのところで物事を投げ出してしまうことがないように、われわれは一緒に注意をしていきますが、そのとき、どちらか一方の考え方が私を支えているというわけではありません。

われわれは一つのイデオロギー、一つの考え方で相談をしているというのではないと思います。その人が自己決定をされる。それを聞いていて、その決定が「だいたい全体のことを考えてされているな」という感じになったときに、「じゃあそういうことで」ということになるのだと思うのです。どちらが正しいとかではなく、その人にとってそれが本当に生きたものになっていく、というところまでついていくことではないかと思います。

なかにはそういうときに、「もう決めました」と言ってくる人がいます。「もう恋愛結婚に決めました。先生、いまの時代というのは昔の風習にしばられて生きるべきじゃないと思うんですよ」と、一気にしゃべられた人に、私はあるとき「今日の話はすばらしい話ですが、それにしては声が大きすぎましたね」と言ったことがあります。その人は、「ああ、そうですね」と言われました。「なにも僕に話すのにそんな大きい声で演説しなくてもいいんですよ。普通に話してもらったらいいのに、なんでそんな大きな声であなたはしゃべったんでしょうね」と言うと、「やっぱり無理があるんですね。また考え直しますわ」となりました。

そのとき「あなたが言ったのはおかしいじゃないか」と、正しいとかまちがっていると言うのではなくて、われわれはよく聞いて、受けとめて、「あんたの声は絶対今日は大きすぎた」とか、「あなたはこの話をしているときに、このことをまったく無視しているではないか」とか、これは言えます。そういうときにわれわれは、自分の倫理観に従ってどちらへ進めるかと誘導するべきではない、と私は考えています。

ただ、人を殺すとか、殴るとかいうような、私の倫理観でどう考えても承服できないときには、言わざるを得ない。たとえば「死んでもらったら困ります」とか、「殴るのをやめてください」とか言わざるを得ないのですが、そうでないかぎり、一緒についていく。そしてその人の自己決定を待ちます。だんだんそれがその人の心全体の中で落ち着いたものになっていく。これが非常に大事ではないかと思います。

クライエントとしての体験

私の考え方と相手の考え方が違うという場合の面白い体験をしたのは、私のほうがクライエントになったときのことです。私はアメリカへ行って、ユング派の分析を受けたことがあります。自分が受ける側になると、いろいろなことがよくわかります。ちょっとしたことでもすごく気になったり、分析家が喜ぶようなことを何かしたいと思ったり、なかなか気持ちが揺れるものです。

自分も分析を受けると、自分がカウンセラーになったときにすごく役立つと思います。私の場合は、そういう分析を受けました。

ところで私の場合、料金をものすごく安くしてもらっていました。フルブライトの留学生として行っていましたので、あのときたしか月に一七〇ドルもらっていました。その一七〇ドルで全部を賄わないといけませんでした。そのころ物価は安いのですが、食べないといけないし、寮に入らないといけないし、本も買わないといけないし、旅行も少しはしたいしとなると、一七〇ドルというのは本当にギリギリの線でした。しかも、アルバイトをしてはいけないという規則があったのです。

分析代というのは、そのころで一回二五ドルぐらいでしたが、事情を話すと、「いやいや、おまえの場合は特別だ。日本人ではじめてこういう分析を受けにきたわけだし、自分も日本人の分析をするのに非常に意義を感じるから、料金なんか問題ではない」と言われました。「では、いくらぐらいにしましょう」と言うと、「一回一ドルにしよう」と言います。すごい思い切りです。「えーっ」と思いましたが、結局、一ドルになりました。

その話をしだすといくらでも話したいことがありますが、ともかくそういうことがあって、私はその先生に対してすごく恩義を感じています。

それで、クリスマスに日本から持参していた物をプレゼントとして持っていったのです。「先生、これはクリスマスのプレゼントです。受け取ってください」と言うと、「いや、これは受け取れない」と言います。みなさんはもう、ご存じかもしれませんが、私はそういうことをやりだしたばかりのころですから、びっくりしました。「プレゼントをもらわないのはどうしてですか」と聞くと、「われわれはちゃんとした職業的な関係である」と言われました。これは、あとでお話しします職業的倫理ということに関係してきますが、「二人は契約しているのだから」と言うのです。「私は一ドルもらって五〇分の時間、分析していこうと決めているんだから、それ以上におまえに何かもらうことは、自分としては負担を感じる。おまえも、そういう物を渡したということで関係が甘くなったり、こちらが何かしてくれるんじゃないだろうかと思ったり、そういう気持ちが出てくることがある。われわれはあくまでも契約関係に基づいて厳しい仕事をしているんだから、プレゼントは受け取らない」と言うのです。

そこで「そうですか」と引き下がる人もいるかもしれませんが、私はそういうときに、なおも頑張るわけです。「あなたはそう言うけれども、いかに契約関係であると言っても、日本人の場合は『恩義を感じる』ということがある。あなたが一ドルで僕に会ってくれているということは、すごいことであって、その恩義を感じていることに対してプレゼントをしないということは、日本人としては心がおさまらないんだ」というようなお話をして、だいたい日本にはお歳暮という習慣があってというような話を延々としましたら、「わかった。この際、自分はルールを破ってもらうことにする」と言いました。

普通は日本人は説明などしないで、「心ばかりのものですが」と言って、何か渡したりもらったりするのですが、ここで私は日本の伝統的なルールを破って説明したのです。「日本ではプレゼントをするときに長々と説明する者などいないけれど、これはこれこういうもので……」とちゃんと説明しました。それは日本の物だったので、「これは日本の物で、日本人としてこれを差し上げる」ということを説明したら、「おまえは日本のルールを破って長々と説明したから、自分は西洋のルールを破ってこれをもらうことにする」と言われました。そういうのは非常に面白いです。相手はそこでルールを破っているのだけれど、破ることにちゃんと理屈があり、そこまできちんと話し合いをしていると、これはあとであまり問題が起こらない。

ところが私がプレゼントを持っていって、先生が「ああ、そうか。ありがとう」とあっさりもらってしまったとすると、なんとなく私とその先生との関係は、どこか日本的になってしまいます。本当は自分でしっかり頑張れるときでも、「先生が何かやってくれるのと違うかな」と、日本人はすぐそう思い始めます。先生に頼んだらどうだろうと、何か甘い気持ちになっていきますが、そこで「いや、プレゼントをもらう関係ではない」と言われるとシャキッとします。しかし、それでは私の気持ちがおさまらないというのがわかって、そこを明確にしながらプレゼントを受け取られたというのはなかなかすばらしいと思います。

こういうこともクライエントとカウンセラーの間ではわりに起こります。倫理やルールを破らねばならない。破っているけれど、もっと大きく見ると「なるほど、そうだ」と言える。それも大事なことだと思います。

ついでに言っておきますが、プレゼントというのはなかなか面白く、興味のあることです。だいたい西洋では、自分のカウンセラーや治療者に対してプレゼントはしません。それはさっきも言いましたが、契約関係で非常にはっきりしているからです。しかし日本では、プレゼントを持ってくる人がいます。そういうとき、日本人としてはそれを右から左にもらっていいのか、もらわないほうがいいのかは、すごく考える必要があります。

無料で行うカウンセリング

私は、スイスから帰ってきて日本でカウンセリングを始めました。このごろでこそカウンセリングは料金を払うということをわかっている人が多くなりましたが、私が始めたころはカウンセリングにお金を払うなどと思っている人はあまりいませんでした。しかも私は田舎でやり始めたわけです。始めるとすぐ相談に来る人がいます。その人に「カウンセリングというのは有料になっておりますので、一時間一〇〇〇円お払いください」などと説明してやったら、たぶんその人は次から来なかったと思います。「あんなへんなやつのところに行くのはやめとこう」と絶対思ったはずです。ですから、最初は無料でやりました。

するとアメリカ人などが気にするのは、「そんなふうに無料にして治るのか」ということです。アメリカ的な考え方からすると、無料でやっているとクライエントはいつまでも先生のところへ行けると思うから、なんとなく先生に依存して、いくらでも相談に行って同じような話をして、「よし、頑張ろう」という気持ちを起こさない。要するに普通、よく愚痴を聞いてもらって「ああ、すっきりした」と言いますが、それと同じことが起こって、本気で頑張るクライエントがいなくなる。そんなことをしだすと、クライエントは無料だからずっと来て、いつまでも終わらないということになるのではないかということを心配します。

私が日本で無料で始めたと言うと、アメリカの友だちやスイスの友だちが心配して、「おまえ、無料でもできるのか」と手紙をくれました。それでも無料でやるしかしようがない。それで、そのまま無料でやっていたのです。

そのとき私が感心したのは、そういう人は必ずお歳暮を持ってきます。お歳暮を持ってこられると、私は、「ありがとうございます」と言ってありがたく受け取る。これは日本式です。お世話になっているということを、お歳暮によって示す。私もそれをもらうことによって、あまりベタベタになったり依存されたりするのではなくて、二人の間に何か距離がとれる。だから、「日本では無料でするけれども、お歳暮というものをもらうのだ」ということを言ったら、「ああ、なるほどな。それは面白いシステムだな。いったいおまえは何をもらったのか」と言うので、「大根とか人参とかをもらった」と言うと、アメリカ人がむちゃくちゃ喜んでいました。そこで日本的なかたちがつきます。

料金をとるということ

しかしそれが本当にいいのだろうか、と考えながら私はやっていました。ところが、日本人というのはアメリカ人が考えるように、無料だからいつまでも平気で来るということは絶対にしません。そのうちに必ず、「先生にお歳暮とか差し上げているけれども、こんなに毎週、毎週会ってもらうのは本当に自分としては心苦しい」とか、「先生に申し訳ない」とか言われます。「そうですか。あんまりそう言われるんでしたら、アメリカなんかですと、一時間いくらとお金を払うよう決めてやるんです」と言うと、「そうしたら、私もアメリカ流にさせてもらいます。そうでないと、お歳暮に何を持っていったらいいかわからなくて困るので」ということになって、そのあたりからだんだん説明して料金を取るように変わっていったのです。

はじめのころ、私がお歳暮やプレゼントをもらっているということを聞いた外国の同業者たちから、「日本はいいかげんにやっているな」と思われましたけれど、日本のルールの中ではそういうやり方が生きているということです。しかし、だんだん、こういうことをやるためにはやはり西洋流のほうがよいから、そうしていこうと私も変えてきたわけです。こういうことは、どこまで意識し、自覚してやるかということが大事だと思います。そうでないと、だんだんかたちが明確でなくなって、何をやっているのかわけがわからなくなるということになると思います。そういうときに、たとえばプレゼントをもらったとしても、ただ「ありがとう」と言うのではなくて、「プレゼントはなぜこうなるのか」ということを考える必要があると思います。

たとえば、こういう経験もあります。取り決めた料金をもらって会っているのに、お歳暮を持ってきた人がいて、しかもそのお歳暮がものすごく高価なものでした。私はすぐに「われわれはちゃんと料金を決めてやっているのに、どうしてこんな高い物をあなたは持ってこられたんですか」と聞いたら、「先生にはすごくお世話になっているから」。「お世話になっているぶんはちゃんと料金を払っておられるじゃないですか。なぜまだこんな物を持ってくることになるんでしょう」という話を順を追ってやっていきました。すると最後にはわかってもらえる。カウンセリングというのはそういうものです。

みなさんもカウンセリングを受けてみられたらわかりますが、クライエントというのはしんどいのです。クライエントはしんどくて、頑張るから治っていくのです。治っていくというのはしんどいことです。このことをカウンセラーになった人は忘れてはならないと思います。クライエントの側に「もうこんなしんどいこと、ちょっとゆっくりやりたい」「先生のほうにお任せするわ」

という気持ちが起こってきて、「ここでプレゼントぐらいはずんだら、先生、もっと頑張るやろ」と思います。つまり自分が楽をしたい。

ところが、治るには本当のところはクライエントが頑張るしかありません。そのときに、もうしんどい、努力をしないでさぼっていたいという気持ちが、カウンセラーに何かたくさんの物をあげるというかたちで出てきたのだということが、話をしていてだんだんわかります。「そうですか。こんな高い物を私に持ってくるよりは、そのエネルギーを自分が頑張るほうに向けてはどうですか。だから、これは持って帰ったほうがいいのと違いますか」と言うと、持って帰った人がいます。そのように、そこで物をもらうのが倫理的にどうのこうのというだけではなくて、そういうことが起こってくる意味はどういうことか、本当は何が起こっているのかということをはっきりさせて話し合うことが大事だと思います。

プライバシーを守る

カウンセリングの場面で起こってくることをいろいろ考えたのですが、次に職業倫理ということについて考えたいと思います。

どんな職業でもある程度職業倫理というものはあるはずです。特にわれわれカウンセラーは、一対一の関係の中で本当にその人のいちばん大事なことを聞いて話し合いをしていくのですから、その倫理観というものは相当しっかりしていないといけない。

このごろ臨床心理のほうで、たとえば臨床心理士という資格をつくると同時にその臨床心理士の倫理綱領というものもつくっています。こういうことを守らねばなりません、これを守らない人は会から除名されます、あるいは処罰を受けますということになっています。弁護士も弁護士の倫理をもっています。医者も医者の倫理をちゃんともっています。そういう倫理がしっかりしていないと専門家として成り立ちません。そこでなんと言ってもいちばん大事なことは、われわれにとっては「クライエントのプライバシーを守る」ということです。

いまではこういうことは当たり前と思われるようになりましたが、私がスイスから帰ってきた一九六五年当時、カウンセラーはあまりプライバシーを守っていませんでした。どう守っていなかったのか。たとえばクライエントから話を聞きますと、その聞いた話をすぐほかの人に話してしまうのです。学校で生徒が相談に来ると、すぐにあちらこちらに「今日、生徒がね、こんなことで相談に来たんだよ」とか、「あんなことがあったんだよ」とか、このように右から左に話をしてしまいます。当時のことですから、みんなそんなことをあまり意識していませんでした。子どもが話したら「ああ、そうか」と言い、子どもが帰るとすぐに「こんなこと、言っていましたよ」とお母さんに電話をかけたりして、プライバシーを守るという意識は非常に薄かったのです。

これは当たり前です。なぜかと言うと、日本の伝統的な考え方にはプライバシーというものがあまりないからです。みんなお互いに何もかも知り合っているというのはいいことだという考え方があったと思います。だから子どものことはお母さんが全部知っていなければいけないし、お母さんのことはお父さんが全部知っていないといけない。それが建前で、「みんなが一緒」ということは秘密も何もない。だから、私がだれかと友だちになれば、なんでもかんでもその友だちから話をしてもらう。私も友だちに対して私のクライエントのことまでしゃべってしまうというような、お互いに秘密なしに話し合うのが当たり前というような倫理観があったわけです。

そこへ、「プライバシーを守る」という考え方が西洋から入ってきました。入ってきましたが、考えてみると実はなかなか難しいことです。しかし、新しい職業として成立していくには、やはり日本の中においても、ちゃんとプライバシーを守るのだということをはっきりさせていく必要があります。

私がはじめこういうことをやりかけたときよくあったことですが、お母さんが子どもを連れて一緒に来ます。一緒に来るなり、お母さんが一気に子どものことをしゃべる。だいたい悪口が多いです。「ちょっとお母さん、待ってください。僕、子どもさんと先に話をしていきますから」と言って、子どもと話をしてお母さんに待ってもらうあいだに、「僕とあなたが話をしていることは、あなたの許可を得ないかぎりお母さんには絶対に言わないからね」と言うと、もうそれだけでその子はすごく感激します。そんなことははじめてなわけです。だいたい自分がしゃべったことはみんなお母さんに筒抜けになっているはずだと思っている時代です。「あっ、この人は違うんだ」と思ってくれるだけで、それだけでも関係がものすごくよくなり、全体がよくなるというようなことがありました。

しかし、難しいのは子どもにそう言っても、「うちの子はどう言っていました？」とお母さんは聞いてこられます。そのときに「カウンセリングはプライバシーを守りますので、それは言いません」というようなことは絶対に言いません。お母さんが知りたがられることは、またそれも当たり前ですから、「お母さん、そうでしょうね。心配でしょうね」とか、「何を言っていたとか、知りたいでしょうね」とか言って、まずそれを受け入れてからしばらく話をします。「それはそうだけど、あの子が自分で考えていくあいだ、やっぱりちょっと待っていたほうがいいんじゃないでしょうか」というように、なぜそういうことをするのか、いろいろ説明しながらプライバシーを守るということをやりました。

こんなことを言っていると、いろいろ思い出します。やはり学生相談をしていたころのことです。大学でも、昔はやはり、先生も親もみんなプライバシーなんてないと思い込んでいました。ある学生が自殺未遂をしました。はじめから未遂をするような感じだったのですが、それでも自殺未遂をしたというので周囲はびっくりしました。私はそういうときはわりにすぐ行って話し合いをすることが多かったのですが、行ってみると、その子の担任の先生とか親とかがみんな来ています。たくさん来ているところへ私も行きました。

みんながいるところで、担任の先生が「あんた、カウンセラーでしょう。この子の自殺の原因は何ですか」と聞かれる。本人もいるのにです。寝ていますから。でもそんなことは平気で、本人も入れて全員で、家族も先生もカウンセラーも一緒になって話し合いをするのがいちばんいいことだと考えられているような時代です。

そのときに私は、「原因がわからないんです」と言いました。実は私は知っているわけです。その子は同性愛だったのです。しかも片思いで、どうしてもうまくいかないので、自殺未遂でもしたら相手が自分のほうを向いてくれるかと思ってしたのですが、そういうことを私はカウンセリングで全部聞いていました。

聞いていたけれども、みんながいますから、「自殺未遂の原因は何ですか」と聞かれたときに「いや、わからないんです」と言ったら、担任の先生がものすごくうれしそうな顔をして、「カウンセリングなんて言っても、何もわからないんですね」と言われました。私は「いや、ほんまにそうですよ。人間の心はわかりませんな」と言うと、みんないっせいにいろいろ言いましたが、そこからクライエントと私の関係が大きく変わりました。強い信頼関係ができた。その子はわかっているわけです。私が知っていることを言わずにいる、ということをわかっている。しかも私は「いや、カウンセリングはプライバシーを守りますので、私は知っているけれども言わないんです」

とは言いません。そんなことを言っていたら、私はその学校にいられたかどうかわかりません。「なんだ、あれは」ということになります。要するに偉そうに言って、いちばん大事なことを担任にも言わないのか、だいたいここに父親がいるではないか、というように非常に大きな問題になります。ところが私は、「わからない」と言った。しようがないです。カウンセラーは大したことないと言われて、「人間の心というのはそういうものなんです。なかなか聞いていてもわからんものですよ」などと言うと、悪いのは人間の心になっていくけれども、本人はわかります。

そういうときに、どのような言い方でプライバシーを守るのか。プライバシーを守ることはものすごく大事なことですが、日本の社会の中ではそれを守ることが非常に難しいのです。下手なことをすると、カウンセラーがみんなから袋だたきにあってしまうというような難しいこともある。そのときクライエントのプライバシーをどうして守るかということを、私たちは常に考えている必要があります。

これも実際にそのころあった例ですが、中学生で、どこで手に入れたのか知りませんが、ピストルを持っている子がいたのです。そのころ中学校の先生がカウンセリングを熱心にやっておられたのですが、その子がその先生のところにカウンセリングに来ているうちにとうとう、「だれにも言ってないけれども、ピストルを持ってるのや」と言うわけです。「だれにも言わんといてね」と言って、「うん、わかった、わかった。だれにも言わない」というわけで、先生は黙っていたのです。

ところがその子がピストルを持っているということがバレまして、警察が来るわけです。校長さんも知っているんですよ。警察がすぐに校長に「お宅のなんとか君はピストルを持っているんですよ。校長さんも知っているんですか」と言うと、「いや、全然知りませんでした」と言って、警察がその子に「なんや、これ」と問いつめると、その子は「いや、カウンセラーの先生には言って相談してたんやけどな」と言うわけです。

すると警察も怒るし、学校も怒ります。「カウンセラーは子どもがピストルを持っていることを秘密にしていた。秘密厳守とか言っているけれど、カウンセラーはほかの先生を信用しないのか」とか、「校長をなんと思っているのか」とか、「犯罪を隠していて、それはなんと考えているのか」とか、そういう問題になってきます。その先生は大変つらい立場になりました。

そのとき私は相談を受けて、その先生に言いました。「あなたの場合、子どもがピストルを持っていると聞いたときに、カウンセラーは秘密を厳守をしなければならないと単純に考えてやったところにすごく問題がある。その秘密をあなたはちゃんともっていられる人間なのか。この学校の中にいて自分はその秘密をもちつづけていけるのか、いまみたいなことが起こったときにも、それができる人間なのかということをよく考えずに、ただカウンセリングは秘密厳守だということだけでやっているでしょう。そこに問題がある。自分という人間がどのぐらいの器量で、どのぐらいの力をもっているかということを考えてやっていない。こういうことが起こったということはあなたの問題なんだから、そこをものすごく考えないといけない」。それでその先生はすぐ校長のところに謝りに行きました。

「自分はカウンセリングのルールだけを考えてやったけれども、カウンセリングというのは、そんなルールだけでやるものではない。本当はもっと深く考えねばならないことを、自分は初心者のために、それをせずにルールだけでやろうとして迷惑をかけました」と謝りました。そのように率直に言って謝ったので校長も「ああ、そうか」ということになった。みんなも「そういうものなのか。カウンセリングというのは大変なものやな」ということになって、警察も了承して落着したのです。

こういうときに、みなさんならどうしますか。いちばん下手な人というのは「そうか。ピストルを持っているのか」と言っておいて、「ちょっと校長先生、あの子はピストルを持っているんです」とすぐに言いにいく。これがいちばん下手な人です。それはつまり、クライエントの信頼を裏切っています。私だったらどうすると思いますか。私はそういう場合に、「それを聞いて、私は黙っていることはできません」とものすごくはっきり言います。「あなたがピストルを持っているると聞いて黙っているほど私は偉くない。やっぱり言いにいこうと思うけれど、どうしたらいいと思う？」と、その子と相談します。「先生、なんや。秘密厳守言うとったやないか」「それは、秘密厳守はできる人がするので、僕はできない。そんなピストルの話なんか聞いて、黙っていることはできない」と言うと、「警察に言うの?」「だれが言う? おまえが行くか? 一緒に行くか?」というように、だんだん解決がついていきます。

面白いのは、そういう子がカウンセラーに「ピストルを持ってる」と言ってくるのは、自分でもどうしたらいいかわからなくなっているからです。どうしたらいいかわからないけれど、カウンセラーに言えばカウンセラーが何とかしてくれるだろうと思っているのです。

カウンセラーが「ふうん、ふうん」と聞いてくれると、「ああ、よかった。もうこれでカウンセラーが何かしてくれる」とその子は思い込んでいるので、警察が来たときに「カウンセラーには言ってある」と言うのです。そのときその子が、自分も秘密を厳守して、カウンセラーに言ったということを言わないことはまあないと思います。

そういう大きい秘密、プライバシーに関わることができたときに、自分がそれを守れる人間か、守れない人間か、それを守るか守らないかは、そのクライエントと相談しないといけません。そのように真剣に相談すると、クライエントというのはなかなかよいことを言うものです。その人なりに知恵をはたらかせて、「だったら先生、一緒に警察へ行こう」と言うときもあるし、いろいろなことを言ってくれます。時間がないのでやめときますが、私はそういうすばらしい例をたくさん知っています。やはりこちらも真剣になると、クライエントも真剣になって考えてくれる。

職業倫理として、そのようにプライバシーを守ることはすごく大事なことです。もう一つ私が思っていますのは、クライエントが絵を描いてきたり、作文を書いてきたり、詩を書いてきたりします。それは、見せてもらいますが、原則として私はそのクライエントに返しています。クライエントの人が「先生にあげます」と言った場合は、自分としては、実を言えば研究のために必要なことがあるのでもらっておきます。しかし、そうでない場合はその人のものですから相手に返しています。クライエントが私にくれた絵などをだれかに見せるときには、必ずその人に、これこれこういうところで見せるけれどもかまわないかと、ちゃんと承認を得ています。

事例研究でのプライバシー

プライバシーの問題で難しい問題が出てくるのは、事例研究をするときです。みなさんご存じのように、私たちの勉強というのは、事例研究をしないと成長していきません。単にカウンセリングはこんなものですよというだけではなく、クライエントにお会いしたらこういうことがあって……と、具体的に事例研究をしなくてはならない。事例研究をするということは、プライバシーを破っているわけです。このことが非常に難しい。

私は外国にいましたからよくわかるのですが、欧米の人は自分のことが事例研究されてもわりに平気です。なぜ平気かと言うと、自分のことを客観視して考えるということに小さいときから慣れているのです。「自分のことを客観的に研究していただくんですね。それは結構です」「自分のことだと絶対だれにもわからないんだったら、そういうふうに客観的に研究していただけるのはありがたいし、そういうことが学問の進展に役立つんだったらどうぞ」というわけで、自分のことが材料になることに抵抗を感じない人が多い。

ところが日本人は、それをいやがる人が多いのです。なぜなら日本人は、親しくなるということは一体化するという感じなのです。先生とクライエントは一体になってくる。ところが研究すると言うと、それを引き離すことになります。客観的に研究するということは、私たちの間に何か水が入ってくるという感じになるのです。「あなたのことを研究します」と言うと、もうそれだけで「見捨てられた」とか、「なんですか。先生は私のために一生懸命になってくださっていると思っていたけれど、私をモルモット扱いしていたんですか」と日本人はよく言います。本当にモルモット扱いしているのだったら、絶対よくならないです。一緒にずっと頑張ってきたからうまくいったことを、もう一度一緒に頑張って客観化しましょうというのは、なかなか日本人にはわかりにくいことです。そういう場合が非常に難しい。

クライエントにお願いすると、もうよくなっている人でも、「なんだ」とものすごく怒ったり、いやがられたり、そこからまた悪くなる人がいたり、いろいろな人が出てきます。そこでカウンセラーは、そこのところは日本人同士の人間関係ですから、この事例研究をするときに仲間だけ一〇人ぐらいでやって、その一〇人以外にだれにも秘密が漏れないのなら、わざわざクライエントに、「あなたのことを研究します」などと言わないで、いわば内部の延長としてやるということで許してもらう。

ただし、そういうことを本に書くとか、もっと大きいところで発表するとか、そういうことになってくるときは客観化してもかまわない人、客観化しても大丈夫な人だけにするというように考える。そういうことはカウンセラー自身の判断や決定によってするべきではないかと、私は考えています。一律に「あなたの事例を今度一〇人でやるところで出すんですよ」と、必ず言うべきであるかどうかは、やはり自分で判断するより仕方がない。ただし、責任はカウンセラーにはっきりあります。そういうことがわかって問題になった場合は、カウンセラーは責任をとらねばならないと私は思っています。これもなかなか難しい問題です。

身体的接触と倫理

クライエントとカウンセラーの間では、クライエントはいわゆる心の問題で来ていますので、もちろん話し合いをしますし、その間に絵を描いてもらったりもします。けれどもこちらが攻撃的に相手を殴るとか、抱きしめるとか、そういう身体的な接触をみだりにしてはいけない。これも非常に大事なことです。そんなこと当たり前だと思うかもしれませんが、カウンセリングというのは、簡単に治る人は問題なく治っていかれますが、難しい人もいます。「これで、今日のカウンセリングは終わりました」と言ってもそのまま座っていて、「いや、私は不満ですからまだ座っています」と言って座り込まれる人がいます。ところが次のクライエントが来ています。「いや、次の方が来られていますから、すみませんが……」と言うと、「先生は次の方と私と、どちらが大事ですか」「もちろん、両方大事です」「ごまかしたらだめですよ。先生は私のために何もしなかったんですから、私は座っています」と言われた場合、どうするか。このときにそばに行って、「立ってください」などとやると、「あっ、先生は身体的な攻撃を加えてきた」と言われるかもわかりません。そういう場合どうするのかという、難しいことが実際に起こります。

そのとき大切なのは、こういうときに手を使うのか使わないのかなどと考えるのではなくて、「なぜこんなことになったのか」ということを考えることです。そのクライエントは、そういう方法でしか私に訴えることができなかった。そういう方法で私に訴えてきたということは、それまでのカウンセリングの過程で、私は何か非常に大きな失敗をしている。その人の気持ちを、何か受けとめかねているということがあるに違いない、というところまで引き返してものを言うと改善することが多いです。それをやらずに、いまこの人を引っ張るのか引っ張らないのかというようなことを考えだすと失敗します。

だから私はいつも思うのです。私たちは体のことをやっているのではなくて心のことをやっているのだから、クライエントが体をはってまでやるというのは、体が悪いのではなくて心がどこかで狂ってきているからだ、と。

もう一つ難しいのは、二人の気持ちがものすごく接近してくると、特に男女の場合は性的な欲求がそこに起こってくる場合が多い。これはある意味で言うと当然で、男女が一つになるということは、セックスで体が一つになるというのがいちばんわかりやすい。心のほうが一つになってくると、体のほうもそれに反応してくる。すると、クライエントは「先生と一緒にホテルに行きたい」と言う人もいるし、カウンセラーのほうも、そういう気持ちが起こってくるということがあります。こういうときにうっかりそれに乗ってしまって失敗する人がいます。

もっと悪い状況は、カウンセラーがそういうのをどこか意図的に少し利用しているという場合です。これはもう問題外です。クライエントが先生をものすごく一生懸命になって好きになってくるのは当然ですから、そういうときにその好きになった気持ちを利用して性的な関係をもってしまうなどというのは、もう職業的なカウンセラーとしては絶対的にだめです。失格です。そういう人は、外国にはままおりまして問題になっています。日本でも最近出てきましたが、そういう人は学会でもわかったかぎりは、完全に罰せられたり除名されたりしています。あまり多くはありませんけれど。

ところが、利用するしないというのではなくて、カウンセラーもクライエントもそうなってきた場合どうするのか。そのときに非常に大事なことは、やはり私たちは心のことをやっているのだということをよく考えることです。「なぜ私は、こんな性的な関心をもつようになっているのか。それをもう一度客観化して見てみよう」と。

私の友だちでロバート・ボスナックという人がいます。彼は『クリストファーの夢』（創元社）という本を出しています。ロバート・ボスナックはエイズの人をカウンセリングしているうちに、自分がその人に同性愛的な気持ちをもつようになります。それをちゃんと書いて、一生懸命に考えているのです。すごい人だと思います。そんな気持ちをもってはいけないというのではなく、自分にはこういう気持ちがある。その気持ちがあるということを隠さずにきちんと分析して、考えながら、実際には何の関係ももたず、カウンセリングをやり抜いていくのです。

大事なことは、体の関係をもちたいほどに一つになりたいという気持ちになることは非常によくわかります。わかるけれども、それをしてしまったらもうカウンセリングの関係ではなくて、普通の人間関係になってしまうということです。そこではもっと大きな問題がいろいろと起こってきます。

かといって、そういう気持ちをもつことはもうやめようと思い、ひたすらそうならないようにしているのではなく、そういう気持ちになってきた場合は、それをきちんと客観化して見ていくようにすることです。そうすることで、クライエントもカウンセラーも、すごく成長します。

そして大事なことは、あくまでもそれを心のこととしてしっかり見るということです。それをやるかぎり、うまくいきます。これは大変なことです。大変ですけれども、うまくいきます。そしてカウンセラーにとってもクライエントにとっても、ものすごく成長するということが起こってきます。こういうことがわかってくると、身体的な問題における倫理的な問題というのも超えていけると思います。

最後のところで簡単に言ってしまいましたが、こういう問題は、このことだけでも一時間半話をしてもいいのではないかと思いますが、それは次の機会にということで、今回はこれで終わりにいたします。

どうもありがとうございました。

第4章　カウンセリングと家族

今日は、「カウンセリングと家族」ということでお話をします。

カウンセリングを受けに来る人のお話には、家族の問題がすごくよく出てきます。家族の問題を考えるとき、一つは、一般的なことについて考えるということがあります。また、クライエントの家族に会ったほうがよいのか、会わないほうがよいのかといった、実際のカウンセリング場面でクライエントの家族をどう考えるかという問題があります。もう一つは、カウンセラーが自分の家族というものをどう考えるのか、という三つです。

そうしたことを全部考えますと一冊の本になるぐらいだと思いますが、今日はそれに関わるお話をいくつかしたいと思います。

「家族」――新・旧の考え方

いま非常に多くの人が「家族」のことで悩んでおられます。「家族」というのを少し広げて親戚まで入れると、問題がない家はないのではないでしょうか。親戚も含めて全部うまくいっている、全部楽しくやっているという家がもしあるとすれば、近所の家族がずいぶんと迷惑をしているのではないかと思うぐらいです。つまり、何らかの意味で家族の問題を背負って生きているほうが当たり前だと言えます。

それは、家族というものに対する考え方が、いま急激に変わってきつつあるからです。それをいったいどう考えたらよいのかということがわかりにくいために起こっている。簡単に言ってしまいますと、「家族」というものについて、日本の昔からの考え方と、ヨーロッパ、アメリカから影響を受けている新しい考え方と、どちらで考えるのかということです。

たとえば、自分はアメリカやヨーロッパのような新しい考え方で生きていると思いながら、実際はそうなっていないために失敗している人もいますし、両親は古い考え方をしているけれど、子どもは新しい考え方をしているために揉めているなど、いろいろあります。

カウンセラーとしてわれわれは、そういう古い考え方と新しい考え方とをどう考えるのかということをしっかり心にもっていないといけない。人間には考え方がいろいろあるし、生き方もいろいろあるのだと思いながらやっていないと、クライエントが来たときに、自分の考え方で「こうしなさい」「ああしなさい」と言いたくなったり、こちらの考えを押しつけてしまったりすることにもなりかねません。そこが非常に難しいところです。古い考え方には古い考え方のよいところがあり、新しい考え方には新しい考え方のよいところがある。本当に一長一短です。

たとえば、実際にこういうことで相談に来た人がいます。自分の息子が恋愛結婚をすることになった。息子は「もう決めた」と言っているけれど、親として相手がどうしても気に入らない。どう考えても、この結婚はおかしいと思う。しかし、いまは新しい考え方をして、子どもは自分の考えで自分の人生を築いていくものだから、親がとやかく言うべきではないと思って何も言わないのだけれど、やっぱり気になる。「そういう場合はいったいどうしたらいいんですか」と。

そういうときに、「いまの時代は、子どもが自分で決定して自立して生きていく時代ですから、お父さん、お母さんは黙って見ているのがよろしいです」などと、簡単には言えません。

大事なことは、お父さん、お母さんが本当はどう考えているのか、どこが気に入らないのか、そういうことをじっくり聞くことです。一般論としてではなくて、この家ではお父さん、お母さんとしてどうするのか、あるいは子どもに対してどうするのかという個々の答えを見つけていかないといけません。

そのことを一緒に考えていくのがカウンセラーの役割であって、われわれの考え方をクライエントに押しつけるためにわれわれは仕事をしているわけではありません。話をじっくり聞いて、一緒に考えていくということがとても大事だと思います。

人間は死後どうなるのか

日本の昔からの考え方では、家名ということを非常に大事にします。「○○家」というものがずっと存続することが大事でした。死ぬと○○家の先祖になり、「○○家先祖代々之墓」というのがあって、その中に入る。すると、子孫が参ってくれて安心だというわけです。そういう考え方をしていました。

「ばかな」と思う人がいるかもしれません。しかし、人間はおもしろいもので、深いところでは、結局、自分が死んだあとに何が残るのか、自分は死ぬとまったくなくなってしまうのか、といろいろ考えます。死んでも自分の存在というものが何らかのかたちで残っている、あるいは永続すると思うことで安心できるのです。

世界中どこの民族、どこの文化、どこの国を訪ねても、みな宗教が何らかの意味をもっています。結局、人間は死ぬことがわかっていますから、死んだあとでどうなるかという答えを宗教に求めます。

たとえばキリスト教であれば、死んだ人には最後の審判というのがあって、最後の審判で神様が、「おまえはだめだから地獄へ行け」とか「おまえは天国へ行け」とか判断されると考えます。仏教には仏教の考え方というものがそれぞれあるのですが、日本という国がおもしろいのは、先祖をすごく大事にしていることです。

民俗学者の柳田國男が、『先祖の話』という本を書いています。私は好きでよくそこから引用します。柳田國男の近所に大工さんか何かで、非常に落ち着いた気持ちのよい人がいて、会って「おはようございます」と言うだけでも心が落ち着く。たしかにそういう人はいますね。その人に会うだけで、ちょっとうれしくなるような人です。逆に、近づいてくるとイライラする人もいますが、その人はそうではなくて、いつもものすごく安定していて気持ちがよい。

柳田國男は不思議に思って、あるときバス停で待っているときに、「あなたは本当に気持ちのいい人で、いつも落ち着いた感じがしますけれど、どうしてですか」と言うと、「私が落ち着いているのは、死んだら先祖になることになっているからです」と。死んでから行くところが決まっているので、安心している。ご先祖になって、みんなに祀ってもらえると思えるから、いまを悠々と生きられるのだと言うのです。

これはおもしろい言い方です。みなさんも、いま、ここで悠々としていることができるのは、帰っていくところがあるからです。ここを出たあとでどこかで野宿しなければならないとか、ホームレスとか、（それはそれでまた落ち着いている人もいますけれど）行き先のわからない人がそわそわするのは当たり前です。

そのおじいさんが言うのは、「私は行き先がはっきりしている。だから落ち着いていられるんです。ちょっとぐらいお金がなくなろうと、病気になろうと、怪我をしようと、最後はあそこへ行く。そこへ行ったら、もう安心。ご先祖になるんだから」と。柳田國男はそれを聞いて、「ああ、なるほど」と思ったと書いています。自分の行き先をきちんと心におさめている人は、落ち着いているはずだという言い方をしています。

血のつながりより名前が大事

日本人の落ち着く先は、「先祖代々之墓」であり、「家名」でした。日本の場合おもしろいのは、家名、つまり家の名前を大事にする。血のつながりよりもむしろ名前のほうが大事だというのが、ほかの国と非常に違うところです。ほかの国は、「家族」という場合、血のつながりを大事にするところが多いです。

たとえば長男は、あとを継ぎますからいちばん大事です。同じ長男でも、本家と分家がある場合は、本家の長男というのは絶対です。もしその人に能力がなかったとすると、みんなで支えて何とかやっていこうというのが、血のつながりを大事にするやり方です。

ところが日本では、長男の出来が悪ければ廃嫡して、別のよい人を養子にもらってあとを継がせる、という考え方を平気でします。家名こそが大事だからです。血のつながりよりも名前を大事にするのです。

戦国時代の話などを読むとよくわかりますが、たとえば関ケ原の戦いや大坂の陣のときに、真田家の兄の信之は徳川方について、弟の幸村は豊臣方につきました。血のつながりを大事にしているのなら、ちょっと考えられないことです。兄弟は絶対一緒の側で戦うべきなのに、平気で敵味方に別れたりするのは、戦ってどちらが勝っても「真田家」という家は残るという考え方です。そこまで、血よりも家を大事にしているのです。日本はそういう考え方でやってきました。

日本の家の造り――言葉はなくともつながる家族

家がつぶれればもちろん、家族というものもなくなりますから、非常に家を大事にした。私が子どものころは、家名を汚すというのはいちばん悪いことでした。「そんな悪いことをしたら、うちの名前が汚される」というような言い方をしました。

日本では、家族はみんな一緒になって家名を盛りたてようとしますから、言葉でそれほど言わなくても、何となく家族全体の心がつながっている。しかも、お互いにそれとなく相手の心を思いやるというふうなやり方をしてきました。

いつも言っていますが、昔の日本の家は、そういうことが都合よくうまくできるようにできていました。部屋と部屋の仕切りとして襖と障子はありますが、それもふだんは開け放しにして、みんなで一緒に暮らしている。襖や障子が閉まっていても、親父の咳ばらいなんかが聞こえてきて、どうも機嫌が悪そうだとかわかるわけです。ですから、いちいち言わなくても、みんないろいろ考えて行動していました。

親類の家に行っても、「失礼ですけれど、トイレはどっちでしょう」などと聞く必要がぜんぜんありませんでした。においで「ああ、あのへんか」とわかるし、「パターン」と戸の閉まる音がしたら、「あ、誰か入ったな」とわかる。いちいち「トイレはどちらですか」「誰か入っておられますか」とか聞いたりしなくてもよかった。全部が言わず語らずのうちに動いているわけです。

もう一つ、物があまりなかったということも大事な要素だったのではないでしょうか。物がなかったために、いちいち親が「分けて食べるんですよ」とか「仲良くするんですよ」とか言わなくても、きちんと一つの物をみんなで分けて食べた。

また、冷暖房などというものがありませんでしたから、冬にはみんな一ヵ所に集まってくる。私の家でもそうでしたが、冬には、一つしかないコタツのまわりに家族がみんな集まっていました。だから、「家族は集まって団欒しましょう」などとわざわざ言う必要がなかったのです。何も言わなくても、寒いから自然とみんながコタツのまわりに集まってきて、一緒に何だかんだとわあわあ言っていたわけです。

それから、私の家にはありませんでしたが、昔の田舎の家だと囲炉裏がありました。あれは最高にいいですね。囲炉裏の火のまわりにみんなで集まるというのは、すごく象徴的なことです。火を中心にみんなが集まってきて、おばあちゃんが甘酒なんかをいれて飲ませてくれたりする。

少しの甘酒でもすごく美味しくて、いちいち「おばあちゃんを尊敬して」とか、「年長者を大切に」とか言う必要もありません。甘酒一杯が絶対的な効果をもっていました。

今は、こういうことを忘れている人が多いですね。要するに昔の日本では、物がないことも、家の造りそのものも、家族が一緒になってお互いに気持ちを察し合いながら上手にやっていけるような仕掛けができていたのです。だから、昔のお父さんもいろいろ説教したりはしていましたけれど、いまわれわれが言っているほど、息子との対話があったかと言うと、そうでもなかったと思います。

私も父親とよく話をしたという記憶はあまりありません。夫婦も、当時は対話などほとんどしなかったのではないでしょうか。それでも、みんな勝手に動いているようでいて、ちゃんと一つのまとまりをもって動くことができるようなシステムになっていたのです。

西洋化のもたらしたもの

ところが困ったことに、われわれは西洋のものをどんどん受け入れて、しかも好き勝手な取り入れ方をしました。経済力が発展したために、それぞれ独立して核家族になっていき、そして家族それぞれの個室ができてきました。これがすごく大きな問題です。さらにこのごろは個室に冷暖房がついていますから、一ヵ所に集まっている必要はなくて、ご飯を食べたら、みんなそれぞれ自分の部屋に入ってしまいます。さらには各自それぞれがテレビを持っていたり、ステレオを持っていたりして、一日じゅうずっと部屋で好きなことをするようになる。みんなで集まるということがなくなってきています。

欧米の場合は、長い時間をかけて個人主義というものが形成されてきました。個室というものがつくられるまでに長い時間をかけてきたので、家族が集まって生きるというのがどういうことかをよく知っています。ですから家族は、ほかに用事がないかぎりみんな居間にいるものと、どこの家でも決まっています。特別用事のあるときは個室へ行くけれど、たとえば一五歳までの子どもは、個室に入ってもドアを閉めてはいけない決まりになっています。それから、何歳になったらお母さんから鍵をもらうとか、小さいあいだは、兄弟一緒に同じ部屋であるとか、非常に厳しいルールが決まっています。

人間が個人として、大人としてちゃんと生きていくのは大変なことだから、子どものときから上手に訓練していきましょうというのが西洋の考え方です。ですから物を買ってやったりというような贅沢なこともあまりしません。お金があるからといって、大学生の息子に親が車を買ってやるということは、アメリカではまず考えられないと思います。大学生はみな、自分でアルバイトをして中古の車を買っています。すごいお金持ちの家でもです。

ところが日本はそうではない。両親は、どちらかと言うと、物がないとかわいそうだから子どもには何でも与えてやりたい、何かを与えてやったら幸福になるだろうと考えます。私たちが子どものときは、食べる物が一杯あることがうれしくて仕方のないことでした。その考え方のまま大人になって、子どもにいろいろ物をやったり、大学生に車を買ってやったり、個室に冷暖房をつけてやったりしているのです。

それはいいけれども、家族が居間に集まって話をすることもなく、欧米の真似をしているつもりで、実は日本だけがやっているばかなことというのがすごく多いのです。そういうことを知らない人が非常に多い。それで、いま家族の間にいろいろな問題が起こってきています。

核家族の問題

核家族というのは、お父さんとお母さんと子どもだけの家族ですが、昔、われわれが子どものころは、おじいちゃんがいたりおばあちゃんがいたり、それから、だれだかよくわからない人がいたりしました。「にいちゃん」とか言っているけれど、どういう「にいちゃん」なのかよくわからない。あとで考えてみると、あれは叔父さんだったようだとか。兄弟が多いものですから、叔父さんでも歳がほとんど変わらなかったりします。そういう「にいちゃん」や居候と言われる人や、いろいろな人が一緒にいました。

これはどういうことかと言いますと、お父さん、お母さん以外に子どもの養育をする人がたくさんいたということです。お父さん、お母さんがたとえ忙しく野良仕事をしていても、おじいちゃん、おばあちゃんが子どもを見てくれているということがあったわけです。

家族の中に、お父さん役をする人とお母さん役をする人がいてくれないと、子どもは育たないと思います。私が、わざわざ「お父さん」「お母さん」と言わずに、「お父さん役」「お母さん役」と言っているのは、実際のお父さん、お母さんでなくても、おじいちゃんがお父さん役をやっても構わないし、叔母さんがお母さん役をやってくれてもいいわけです。役をする人がだれかいてくれるかぎり、家族はうまくいって、子どもは育ちます。

ところが、核家族になると、お父さんとお母さんは、絶対にお父さん役とお母さん役をやらなければなりません。昔はみんなで一緒になってやっていたから、何かうまくいっているように思っていたのですが、いまは非常に難しいです。どう難しいかと言いますと、物はたくさんある、個室があったりもする。そして、家族がお父さんとお母さんと子どもだけですから、お父さんはお父さん役を、お母さんはお母さん役をやらなければならない。ですが、急にやれと言われても、みんなそれほど訓練されていません。

昔の日本の訓練方法というのは、たとえば女の子だと、家にいるあいだはかわいい、かわいいで育てるけれども、お嫁入りしたとたんに、「もうおまえはよその家の人間だから、勝手に帰ってきてはいけない」と言う。お嫁さんを訓練するのはお姑さんの役割でしたから、お姑さんにさんざん訓練されて泣いて帰ってきても、実家は「もう帰ってきてはいかん。おまえはあちらへ行け」と言うわけです。そういうつらい訓練に耐えられるように、それまで家ではちやほやして大事に大事にかわいがって育てたのだから、お嫁に行ったら頑張れというのが昔のやり方でした。

ところがいまは、昔と同じようにちやほやして育てますが、結婚したあとにきちんと訓練する人がいません。訓練不足でお父さん役もお母さん役もできない状態のまま核家族になっている人が、すごく多いと思います。これは日本の大きな問題です。若い夫婦と子どもだけで暮らしている人で育児ノイローゼになる人がいますが、あれは当たり前なのです。いままでは、みんなで子育てをやっていたからうまくいっていたのです。突然、何の訓練もなしに子どもができて、お母さんになって、赤ちゃんに「ワーッ」と泣かれたりすると、どうしていいかわからなくなるのは当然です。

だからと言ってそのときに、どうしたらいいのかを親に聞くのは腹が立つわけです。親に聞くと、「それみろ」と言われるからです。自分たちは自立しているから親なんかに頼らないと思っているけれど、実際に困ったときに聞いたり相談したりする人がいない。うっかり近所の人に言ったりすると、「あそこの家は……」と、何を言われるかわからない。そうすると、結局、相談するところがなくて、このごろは電話での子育て相談がずいぶん増えています。

これは、ある程度意味のあることだと思ってわれわれもやっていますけれど、本当に簡単なことを聞いてこられます。「子どもが泣くんですけれど、大丈夫ですか」とか、「こんな怪我をしましたが、大丈夫ですか」とか。そのときに、こちらとしては、「大丈夫ですよ」と言ってあげるだけでいいのです。昔は、おじいちゃんやおばあちゃんが「大丈夫」と言ってくれて、それで安心したのですが、このごろはそう簡単ではありません。うっかりおじいちゃんが「大丈夫」と言ったりしたら、急に腹を立てて、「大丈夫じゃないよ」と言ったり、よその人に聞きに行ったりする。

そこで私は言っているのですが、カウンセリングのときに非常に簡単なことを相談したり、聞いたりする人がいても、「そんなことぐらい自分で考えなさい」と言わずに、われわれとしては、やっぱりそういう人もサポートしていくようなことを考えていかないといけないと思っています。

核家族の新しい生き方

また今後の問題としては、日本人の生活様式の変化をふくめて、新しい核家族の生き方というものを考えなくてはならないと思います。それをほとんど考えないまま昔と同じようにやっているために、いろいろな問題が起こっているのではないでしょうか。私は、人間の幸福ということを考えるなら、大学でもこういうことをある程度教えるべきだと思っています。

結婚したらどういうふうにやっていけばいいのかということを、誰も習っていないでしょう？

大学では、ロミオとジュリエットがどうしたという英語は習っても、結婚してからいったいどうやって生活していけばいいのかは、誰からも教わらない。お父さん、お母さんの真似をしようと思っても、お父さんとお母さんのやり方は昔風で、いまの時代には合いません。

考えてみるといまの若い夫婦は、結婚してからの生活について、どうすればよいのかを誰からも教えられたことがないのだと思うと、本当に気の毒だと思います。だから、「生きるための家庭学」とか「生きるための家政学」というのを大学で教えると、案外みんな聞くのではないかと、このごろ思ったりしています。

みんな知識はたくさんもっているのです。ですがその知識は、自分が生きることとかけ離れた関係のないことが多い。受験勉強では、「鎌倉幕府がいつ開かれたか」とかを一生懸命覚えますが、「赤ちゃんが泣いたときにどうするか」などは一回も聞いたことがないでしょう。鎌倉幕府のことはわかっても、赤ちゃんのことはわからない。考えてみると、これは非常に深刻な問題だと思います。

欧米の家族のあり方

ヨーロッパやアメリカの場合は、長い歴史の中でだんだん個人主義というものが出てきて、核家族が出てきて、そして個室が出てきたという経緯がありますから、子どもの育て方というのが、ある程度伝承されています。

われわれ日本人は、家の中であまり言葉を使わなくてもお互いにわかっている、通じているというような生き方や訓練をしてきました。ところが、アメリカでも思いましたし、ヨーロッパに行ったときも感心しましたが、あちらでは子どものときから、言葉できちんとものを言うことをすごく訓練します。

三歳ぐらいになると、お父さんが何かをしてやったりすると、必ずお父さんに「ありがとう」と言います。日本人はあまりそんなことは言いません。いちいちお母さんに「ありがとう」なんて言わない。よっぽど水臭い家では言っているかもしれませんが、それを「水臭い」と思うのが日本人です。欧米では、子どもはいつか自立していくのだから、小さいときから、お父さん、お母さんに言葉できちんとものを言う訓練を受けます。

ドイツの家庭でびっくりしたのは、子どもが悪戯していたのをお父さんが怒るときに、「こらっ！」という怒り方ではないのです。「なぜそれをしてるのか」というように、「なぜ？」と聞きます。もっと驚くことには、子どもはお父さんのほうを見て、「こうでこうでこうだから、こうしている」とすごい屁理屈を堂々と言います。

「へぇー」と思って聞いていると、お父さんは、「それは理屈として間違っている」と言って、親子が論戦するのです。子どもはもちろん屁理屈を言っていますから、お父さんが勝って、「だから、おまえが悪い」となります。「悪い」と言われるまでに、かなり時間がかかります。

私はそれを見ていて笑ってしまいました。「ドイツでは大変ですね。子どもを怒るのにも、そうとう議論をされるんですね。日本では『こら―っ！』って言ったら、『すみません。もうしません』『よし』とかで終わりですよ」と冗談を言いました。

そのとき、ドイツ人の私の知人が言ったことを、私は本当に忘れられません。彼は、「子どものときから、自分のしていることを自分でちゃんと防衛することができる人間をつくらないと、ドイツでは生きていけないのです」と言いました。すごいことですね。自分で自分を守らないと、ほかの人は誰も守ってくれない。だから、五歳や六歳の子どもでも、一応理屈を言って自分を守るという態度を身につけるよう訓練する。そうしないと、この国では生きていけない。個人が生きていくということは、それほど厳しいことなのだということです。

欧米のやり方を真似るとき

日本人の場合は、「すみません」と言えば、だいたい済むのではありませんか。「すみません、すみません」と言っておけば、「まあ、ええわ」とか、「何とか俺がやってやる」というようなことになります。

ところがドイツでは、他人は絶対にやってくれない。だから、たとえ悪いことをしても、「なぜか」と言われたときに、一応答えができるぐらいでないといけない。それを訓練しているのだと言う。すごいことだと思いますね。

そう思ってみると、たしかに欧米の人は言葉できちんと言うことが多い。親子でも、そこまで言わなくてもいいのではないかというほど言葉にします。それはなぜかと言いますと、日本人のように、傍にいるだけでわかるというのではなく、一人ひとりが個人で確立しているかぎり、互いの考えを言葉にするのが当たり前だ、ということになっているからです。そうすると、欧米の生活様式がはいってきたなかで、われわれ日本人の家族は、いったいどうしたらいいのかということになります。これが非常に難しいことです。

日本でも言葉できちんと言ったほうがいいかというと、別にそうでもない。日本でも、わざわざ子どもに言って聞かせて、子どもとちゃんと言い合いをして、そしてちゃんと仲が悪くなっていく、という家がたまにあります。

そういう家では、言葉でばかりやり合っているために、「一緒に生きている」という感じが消えていっているのです。日本の場合の一つの問題は、頭だけで考える人が出てきて、いちばん大事な「家族で一緒にやっていますよ」という、その「感じ」が消えていくということが起こってきていることです。

「居場所がほしい」

たとえば援助交際をしている女の子で、「私たちは好きでやっているんじゃない。要は居場所がほしいんだ」と言う子がいます。みんながその子がいることを「うん」と思ってくれる、「ああ、私はここにいる」と感じられる、まさに居場所です。

その子に言わせると、学校も家も居場所ではない。学校へ行くと、自分は勉強もできないしさぼっているから、みんながバカにする。家も、「ただいま」と帰っても、「ああ、ほっとするわ」というのがない。いつも「何をしたか」「これをやったか」「どこまでできたか」と聞かれている感じがする、と言います。

たとえば、「おたくの子どもさんは居場所がなくて困っておられますよ」ということを言うと、「そんなことはありません。うちの家は冷房もありますし、暖房もありますし、個室もありますし、テレビもありますし、おやつも食べてますし、食事は……」と、項目を挙げるとたしかに全部あります。項目に挙げられるものは全部あって、項目に書けない「一緒に住んでいる」という感じがないのです。そういう家では、いちばん言葉で言いにくいような、「ほっとする」「気の休まる感じ」というものが消えている。そういう家の子は、なかなか難しいです。

「私には居場所がない」と言える子はまだいいほうです。そこまで言えない、何か知らないけれどイライラする、落ち着かない。その何か知らないけれどイライラしたり、落ち着かない気分を、学校で人をやっつけるとか、援助交際をすることで発散する。そして、われわれのところへ連れてこられて、話をしているうちに、そういう言葉で言えないことがどっと出てくる。

子どもの心を親にどう伝えるか

子どもからそういうことを聞いたときに、それをお父さん、お母さんにどう伝えればよいか、これはすごく難しい。クライエントと話をしていて、「そうですか。ちょっとそういう家はつらいでしょうなあ」とまではわかるけれど、「それだったら、私がお父さん、お母さんに言ってあげるから」と言うことはなかなかできない。

絶対にしないかと言うと、もちろんやるときはあります。話をして、お父さん、お母さんに通じると思うときはやります。しかし、「通じる」と言っても、これにはいろいろな場合があります。あるとき私が会っていた子どもが自殺未遂をして、お父さん、お母さんが来られたことがあります。お父さんとお母さんは、私に会うなり、「先生、うちの家はそんなに問題はないんですよ」と先に言われました。そして、「自分はこういうふうにしてやっているし、子どもの養育については問題はありません」ということを、すごく言われました。そういう言い分も、じっと聞くことが大事です。

いかに自分たち夫婦が子どもに対して頑張っているかをさんざん言われるのを、二、三〇分、一生懸命聞く。そして、それが終わったころに、「わかりました。本当にちゃんとやっておられます。ご両親はちゃんとやっておられますけれど、子どもは死のうと思っています」と言います。自殺未遂をしたのですから、そうなのです。そういう事実をはっきりと言うと、両親はガクッとまいって、「ああ」と言われました。

「ご両親はちゃんとやっておられるけれども、子どもは死のうとしています。これをどう思われますか」と聞きますと、「やっぱり何かが抜けているんでしょうか」と言われます。そのときに、「そうです。抜けているんです。頑張ってください」となると、これはやりすぎになります。そういうときに私はよく、「やっぱり何かが抜けているのかなあ」と同じことを言います。私がその親本人になって考えているようにです。

つまり、「抜けているんです。そうですよ」と言うと、必ず「何がですか」と答えを求めてきます。「やっぱり抜けているのかなあ」と、一緒に考えてくれているという感じだと、すごく変わります。そこでお父さんが、「目に見えないところで……」とか言われると、私は、「ああ、目に見えないところでねえ」と言う。一緒に寄り添うように歩み出すと、そのようになっていくわけです。ですが、その前に私が「全部できているけれど、子どもは死のうとしていますよ」と言ったのは、どこかにはっきりとした判断をもっているということです。

それから、やはりそれを言うときの迫力というのはすごく大事です。いいかげんに「ええ、ええ」と言いながら、「子どもさんは自殺未遂をしておられますよ」「家はよくても自殺未遂は起こると思います」など言っていては迫力に欠けます。どこかで、やはりカウンセラーとしてはっきりと対決しなくてはならない、非常に大事なところがあります。それをどこでするか。はじめから「子どもさんは自殺未遂をしておられるんですよ。あなたにも反省がいるんじゃないですか」という調子でやると、言い合いになるだけで何にもなりません。だから、親の言い分はまず聞いて、ここだというときに言う。言い方はどうか、どんな姿勢で言うかは、非常に難しいです。

研究者で、勝負師で、芸術家

こういうことを言っていると、最近対談した谷川浩司さんのことを思い出します。谷川さんは、昨年（二〇〇四年）三月に将棋の棋王になられました。谷川さんは、若くして名人になって頑張っておられたのですが、羽生善治というすごい人が出てきた。それで、しばらく負けていたのですけれど、また頑張ってカムバックしたすばらしい人です。

その谷川さんとの対談のときに、谷川さんがおもしろいことを言われました。「本当に強い将棋をする人は、研究者であって、勝負師であって、芸術家でないとだめだ」と言うのです。研究者と勝負師と芸術家、この三つがうまくミックスしてバランスがとれていないと、本当に強い棋士にはなれないということです。これはおもしろいですね。

まず研究者ということでは、将棋を打っている人はものすごく研究をします。だれとだれが打ったときにどうなって、このときにこういうようになったからこうなってとか、みんな暗記するぐらいに棋譜の研究をします。

ところが、谷川さん流に言うと、研究はよくしているけれど弱い人がいる。それはなぜかと言うと、あれはあのときにこうなって、このときにああなって、これはこうなってと思っているうちに、だんだん時間がたってしまう。実際に対戦するときというのは、絶対に研究どおりにはいかないです。すると思わず失敗してしまったりする。研究材料にしばられて、決定ができないのです。

それを思い切って決定するのは勝負師です。だから、勝負師として、「これで勝つ」というのがなければいけない。ところが、勝負師の要素が勝ちすぎると、今度はカーッとなっていろいろなことを忘れてしまう。勝負にこだわって、心が平静にならないのです。勝とう勝とうと思っているうちに大事なことを忘れる。だから、勝負にこだわりすぎる人もだめなのです。

それなら、勝負師と研究者の二つの面があればよいのではないかと思うと、谷川さんは最後に「芸術家」と言われた。これはすごいと思いました。私たち素人が将棋をするときは、こういったらこういく、ああいったらああいくとか考えながらやっています。将棋がすごく強い人は、そういうことはあまり考えていない。要するに、全体を見たときに、ここに何かが欠けているとか、全体にきれいにいっているとか、一種の美的判断のようなもので全体を見る力をもっている。そして、こう言われました。

「考えてみれば、芸術というのは、そういうものだと思いませんか。特に絵を描く人はそうじゃないでしょうか。ここにこの色を使うかあの色を使うかなんて、理屈じゃないでしょう。そのときにパッと感じた色を使う。作曲をする人にしても、どこまで音を上げるか下げるかというのは、計算ではなくて、やっぱりそのとき自分に湧いてくるもので作っていかれるわけですね。将棋も、芸術に近い。自分の中に湧いてきたものを、すーっとそのまま指す。だから、人のまったく考えつかないような手が出てくるんです。

ところが、芸術家すぎると、何か新しいことを『作る』ということにこだわりすぎて、勝つときはものすごく格好いいけれど、負けるときはあっさり負けてしまう。粘る気持ちが出てこなくなります。きれいに勝つときはよくても、負けるときは完膚なきまでに負けたりする。やっぱり芸術家と勝負師と研究者の三つの面がバランスよくないといけない」

足りないところを補う努力

私は、「谷川さん、それは私のやっているカウンセリングにそのまま使える言葉です」と言いました。すごいカウンセラーというのは、研究者で勝負師で芸術家だと言えます。研究者としては、まず人間の心理について勉強をする。人間の心はこういうもので、いまの家族というのはこのように変化しつつあり、この家族の全体的な構成はこうだ、というのを見極めていくのは研究です。勝負師としては、先ほど言ったように、ここでは打ち出す、ここでは引き下がらない、ということをやる。

日本のカウンセラーは、勝負師根性の少ない人が多いのではないかと思います。みんな「受け入れる」ということを考えすぎる。本当に受け入れるというのは勝負だということがわかっていない人が多いのです。たとえば相手の人が、「もう死にたい」と言う。その死にたいということをパッと受け入れるというのは、ものすごい勝負です。

本当は、一つひとつすべてが勝負なのです。カウンセリングというのは、研究と勝負が必要です。そして芸術家であることも必要です。このとき、どういう言葉で迫っていくのか、黙っているのか、どういう表現をするのか。「ちょっとお待ちください」と言って、隣の部屋へ行って、いちいち本を調べてということではやっていけません。そのとき、その場で言わないといけない。

カウンセリングをやっている人は、自分はどこが弱いのかをよく知っておいてください。研究もあまりしていない、勝負もあまりしていない、芸術もしていない、けれどもカウンセラーだというのでは困ります。それではアマチュアです。将棋で飯を食っているということが、先ほどの三つをバランスよくもっていることだとすると、カウンセリングで飯を食うのも同じことです。

やはり研究、勝負、芸術の三つができないといけない。そのうちの自分に足りないところを補う努力が要ります。

クライエントの家族に会う

話が横へそれましたが、そのときはっきり言うことで、「ああ、家族というのはこういうものだ」とか、「わが家にはこれがなかった」とかをわかってもらえる人、わかってもらえそうなタイミング、わかってもらえそうな言い方、そういうものがそろったときは頑張ります。ただ、それができない場合は、やはり時間をかけるしか仕方がない。その時間をかけるときに、クライエントと一生懸命に会いながら時間をかけるのか、それともクライエントの家族にも会って話し合いをするのかということの判断も、非常に難しいところです。

実際に家族に会ってみると、お父さんがお酒を飲んで仕方がないから子どもに問題が出ているようだとか、お母さんが頭はすごくいいのだけれど人間と人間の心のつながりという点でほとんど気がつかない人だとか、そういうことがわかります。わかりますけれど、そこからお父さん、お母さんに会ってどうするのか。

お父さんに、「お父さん、お酒をやめてください。お父さんがお酒をやめたら、息子はちゃんとするんですから」と言うだけでは、何にもなりません。たいていのお父さんは「わかりました」

家族の転機

と言うけれど、やっぱりお酒をやめません。お母さんを呼んで、「お母さんは頭がよくて本当にすばらしい方ですが、人間と人間の心のつながりというものを、もう少しもってもらえればと思うんですが」と言っても、「そうですか」と言うだけで何もわかってもらえない。だいたい心のつながりをもてない人ですから、言われてもわかるはずがないのです。「カウンセラーは妙なことを言うなあ」と思われるのが関の山で、言っても何の意味もありません。

親に言っても何の意味もないのだとすればどうするか。クライエントと頑張るしかありません。そうすると、おもしろいのは、「うちのお母ちゃんは困る」とか「お父ちゃんは困る」とか言っているうちに、クライエントの力でだんだんとお父さんやお母さんが変わっていきます。これはもう本当に不思議なことです。そしてどこかで、子どもとお父さんとの対決があったり、子どもとお母さんとの対決があったりする。

あるいは、不思議ですが、変化するときにはいろいろマイナスのことが起こったりします。お父さんが病気になったとか、お母さんが交通事故に遭ったとか、よその家にだまされて借金があることがわかったとか、それから子どもが自転車に乗っていて転んだとか、何かマイナスのことが起こったときというのは、転機になることが多いのです。

そのときにカウンセラーは、せっかくうまくいき始めたのにお父さんが病気になったとか、せっかくうまくやりかけていたのに子どもが事故に遭ったと思うのではなくて、ここが大事なところだととらえる必要があります。勝負をするときです。私は、「ここだ」と思うときは、すぐさま家族に会いに行ったり、家へ訪ねて行ったりします。

そういうときというのは、みんな心が揺れているので、変わりやすいのです。いままで心のつながりなどあまり感じなかった人が、事故に遭ったときに子どもが近寄ってきたり、夫が近寄ってきたりして、「やっぱり家族はありがたいわ」と思う。

もしそういう体験をしていたなら、われわれが行ったときに「先生、やっぱり家族ってありがたい」と言うでしょう。そのときわれわれは、「そうですね」と言うことができます。家族のありがたさを、いま知ることになった。しかし、それはカウンセラーがしたのではない。不思議だけれども、交通事故などがそのきっかけになる。

そういうことは、カウンセラーが計画してできることではありません。このあたりで事故を起こしたいとか、このあたりでだれかが病気になってとか、そんなことは絶対できない。ところが、クライエントと一生懸命取り組んでいると、そういうことが起こってくるのです。

そのチャンスに、カウンセラーがどれだけ家族全体のことを読んで、その読みの中で行動できるかということが非常に大事です。そして、「ここだ」と思うときには、家族の人に会うなり、極端な場合は家を訪ねていくなりします。あるいは、そんなことをぜんぜんしなくていい、クライエントと会っているだけでいいという場合は、クライエントの話に「そう、よかったね」と言うだけでよいのです。

マイナスのことが起こることによって転機が訪れるということは、よく覚えておいてください。そのかわり、それはまさにのるか反るかの事態です。ほんの少しでも悪いほうへいくと、ものすごく悪いほうにいきます。逆に、少しよいほうへいけば大きく変わります。家族のだれかが病気になって、みんなの気持ちが落ち込んでいくようなときに、落ち込むことはないのだということを、こちらが判断できる。そういうことがすごく大事です。だから、クライエントと家族とのつながりのあり方をよく知っている必要があります。

だれに会うのか

そういうことを考えながら、私はクライエントに会っています。たとえば、「うちの子は不登校で、学校へ行っていません」と言うお母さんが来られた。お母さんの話をじっと聞いていて、お母さんではなくその子に会ったほうがいいのか、お母さんに会うのがいいのか、あるいはお父さんに会うのがいいのか、いったいだれに会って、だれにカウンセリングをするのかということを判断しなくてはならない。一般的には、お母さんが来て、「子どもが学校へ行っていません」

と言ったら、「その子に来てもらえませんか」と言うのが普通です。悩みをもっている子、苦しんでいる子に会う。

ところが、そうとばかりも言えないことがあります。「来てもらってください」と言っても、その子が来ない場合が多いのです。お母さんが家に帰って「カウンセリングに行きなさい」と言っても、家から一歩も外へ出られないという子もいます。なかには「カウンセリングというのは、変なやつが受けにいくものだ。自分は学校に行っていないだけで、何も変ではない。無理にカウンセリングを受けても何の意味もない」と思っている子もいます。だから、なかなか難しいのです。

そういうことで、非常におもしろい体験をしたことがあります。高校生の息子が、学校へ行かないだけではなく、家庭内暴力でお母さんをひどく痛めつけるようになった。それで、お母さんがまず相談に来られました。お母さんから家族の話を聞いているうちに、「息子さんを連れてきてください。息子さんにもお会いしたいと思います」と言うと、「今度は連れてきます」と言って帰られました。

ところが、次も一人で来て「息子は来ません」と言われる。「どうしてですか」と聞くと、息子に「先生がおまえにも会いたいと言っておられるから、一緒に行こう」と言うと、「何を言うてるのや。うちの家の悪の元凶はおまえやないか」と言われた。お母さんが悪の元凶で、そのおかげでこういうことが起こっているのだから、「おまえが行ったらええんや」と言われたというのです。

私は、「へぇー、うまいこと言いますなあ」と感心しました。本当にそういうことではないかと思います。「帰って息子さんに、河合先生という人は、悪の元凶みたいな人が来たら怖くて会えない。だけど、悪の元凶の息子ぐらいだったら会えるかもしれないと言っていたとお伝え願えますか」とお母さんに言いました。

すると、次にその息子さんがやって来ました。「おもしろいことを言うやつやなあ、いっぺん会ってみよう」と思ったのでしょう。こちらのものの言い方だけで、「あっ、これはちょっと違う」と感じるわけです。悪いやつをつかまえて何とかしようとしているのではないということを、どういう言い方で伝えるか。一般論で、「いや、本人が来るべきです」と言うのは、いちばんへたな言い方です。子どもの心に伝わるように言うことが大事です。

「よい嫁にして」という姑の訴え

あるとき八〇歳ぐらいの年配の女性の方が来られ、自分の家の嫁がどれほど悪い嫁かという話をされたことがあります。こういうケースは最近、非常に多いです。昔はお姑さんの悪口を言うお嫁さんが多かったのですが、このごろはお嫁さんにやられているお姑さんのほうが多いようです。

その人は、お嫁さんがどれほど悪いかという話をして、「先生、何とかうちの嫁をよくしてください。嫁にここに来るように言いますから、先生のご指導で、なんとかもうちょっとましな人間になるようにしてください」と言われます。私は、「残念ですが、カウンセリングというのは悪い嫁をよい嫁にするようなことはできません」と言います。

カウンセリングを受けると、悪い人間がよい人間になると思っている人がおられますが、そんなことが簡単にできるなら、私がどこかへ受けに行きたいくらいです。カウンセリングを受けたからといって、なかなか悪い嫁がよくなったりはしません。「残念ながら、私は悪い嫁をよい嫁にするような力はありません」「それなら、何をしてくれるんですか」「悪い嫁のことで悩んでいる姑さんが、人生をどう生きるかということで相談に来られたら、お話を聞きます」と言いました。すると「わかりました。私が来ます」と言って、そのまま来るようになりました。

カウンセリングの妙味

そして、やって来てはお嫁さんの悪口を言います。「先生、何とかよい方法はありませんか」「よい方法というのは、なかなかないですなあ。また来ますか」とやっているうちに、だんだんその方が変わってこられます。それがカウンセリングのおもしろいところです。一生懸命お嫁さんの悪口を言っているうちに、当の本人が自分の生き方を考え直すようになる。そういうふうにお姑さんが変わると、自然とお嫁さんも変わっていかれます。自分のことを言ったりお嫁さんのことを言ったりしているだけのようでいて、嫁姑のあいだは変わっていくのです。

そういうときは、「悪い人」をカウンセリングするというのではなくて、「意欲のある人」をカウンセリングする。つまり、そのお姑さんは「悪い嫁」と言っているけれど、お嫁さんは何も自分が悪いとは思っていません。自分はちゃんと生きていると思っています。それよりも、「悩んでいる人」こそが強いのです。悩んでいる人は何とかしようという力をもっているし、何とかしようという意欲をもっている。カウンセリングは、そういう「悩んでいる人」と一緒に頑張りましょうと言うときもありますし、「じゃあ、お嫁さんを連れてきてください」と言うときもあります。いろいろですが、そういう場合の判断というのは非常に難しいです。

それから、家族というのはみんな一緒に暮らしているから、家族の問題は家族の中でいちばん健康な人と話し合うのがよい、という考え方があります。子どもが学校へ行っていないとか、何か悪いことをやっているとか、変なことをやっているとか、そんな悪いほうの人は置いておいて、いちばん健康な人に来てもらって話し合いをするとうまくいくのではないかと思う人がいますが、これはだいたい成功しません。

逆に、悩んでいる人、悪いことをしている人、変なことをしている人というのは、可能性を秘めていると思えばよいと思います。可能性をもちながら、その可能性を生きられないので、何か変なことが出てくるのです。

健康な人というのは、ある意味で処置なしで、それ以上変わる可能性はありません。もう健康だからです。健康な人は、まわりに一杯苦労している人がいても気づきません。それよりも苦しんでいる人、悩んでいる人のほうが、むしろ立ち直る力をもっている。苦しんでいる人、その家族の中でいちばん困り者のように見える人こそ改革の可能性をもっていると考えられるのです。

クライエントを支える家族

しかし、そうは言っても、いちばん悩んでいる人、いちばん苦しんでいる人があまりに弱いときというのは、その人をカウンセラーだけでは支えられない。そういうときに、少し健康な人に一緒に支えに回ってもらうように考える場合もあります。クライエントとしてはいちばん悩んでいる人に来てもらうけれど、支える側として家族の中の誰が私と協力してそれをやり抜くことができるかを考えます。たとえば、お父さんなりお母さんにときどき来てもらって一緒に考えるという方法をとる場合もありますが、そのときも、家族全体のことを考えながらやっていかなければなりません。

いまアメリカでは、個人を相手にやっていてもうまくいかないから家族みんなに来てもらって、家族全体のあり方を見直していこうという考え方をするカウンセラーもずいぶん出てきました。これは「家族療法」というやり方です。私はあまりやっていませんが、そういう考え方ややり方が好きな人は、やってみてください。

つまり、家族全体で集まって一緒に話をしていく。たとえば「おまえは、なんで学校へ行かないんや」「ああ、そうか。そういうことを考えてたんか」「いや、それならお母さんの考え方も変えないといかんなあ」というふうに、家族全体のダイナミックスを変えていくことで問題を解決しようという考え方です。

私は、今までのところ、だいたい一人を相手にカウンセリングをしてきました。先ほどから何度も言っていますように、一人の力で家族全体が変わると考えています。「一人」と言っていますが、その一人は家族と関係があるのですから、その人が苦しんだり考えたりしているうちに、家族全体が変わっていきますので、私はそちらのやり方をしています。

家族が変わるとき

よくあるのは、子どもの問題がいちばんはじめに発生するケースです。子どもが学校へ行かないというので、お母さんと一緒に相談に来ます。子どもはカウンセリングに来るようになってだんだん元気になります。すると、いままでしゅんとして学校へ行かなかった子が、自分の意見を言えるようになる。

実際にあった例ですが、お父さんがお酒を飲んで夜遅く帰ってきます。そのとき、故意か偶然かわかりませんが、お母さんが鍵をかけて寝てしまった。すると、お父さんは帰ってきても戸が開かないので、バンバンと戸を叩いた。その音で息子が目を覚まして戸を開けてあげた。

お父さんが機嫌の悪い顔をして入ってくると、息子が「いいなあ、お父さんは。いい気で遅くまでお酒を飲んで」と言いました。いままでですと、そういうことは絶対言えなかったのですが、カウンセリングをしていると、子どもはものが言えるようになります。すると、お父さんもすごくびっくりしたけれど、「何を言うとる。いいなあというようなもんじゃない。お父さんがどんな酒を飲んできたか、おまえ、知ってるんか」と言ったのです。

実はそのお父さんは会社で研究をしていて、ほかの研究仲間といろいろ一緒にやっているうちに、同僚に先を越されて、その先を越した人が賞をもらったわけです。そのお祝いのパーティーで一緒に飲んで、ムカムカするから一人で二次会をしてまた飲んでから帰ってきたのです。

お父さんは息子に言いました。男というものは、同僚が賞をもらっても、そのときにそこでは絶対いやな顔はできない。パーティーに行ったら、「おまえ、よかったなあ。おめでとう」とちゃんと言う。そのあとで二次会に行って、「バカヤロー」とやって、酔っぱらって帰ってきているのだと。「そういうことを自分がやってるのに、おまえはなんで学校へ行かずにうろうろしてるのか」という話をした。

そのときには、もちろんお母さんも起きて出てきています。そしてあとで、「あんなにうれしいことはなかった」と言われました。夫が会社で何をしており、その気持ちはどうで、どういう気持ちでお酒を飲んでいるかを、はじめて家族に言ってくれた。家族三人そろって、息子もそれを聞いています。そこですぐに問題解決ということにはなりませんけれど、そこからその家は変わっていくのです。

私は、お父さんに会っているわけでもお母さんに会っているわけでもない。息子に会っているだけなのですが、その息子がだんだん、だんだん元気になってきて、どこかでお父さんと正面切ってぶち当たる力をもってくる。ぶち当たったところで家族が火花を散らし、そこから家族全体が変わっていった。そういうことがありました。

家族の対話

子どもが学校へ行くようになってお礼に来られたお父さん、お母さんが、「この子が学校へ行かないようになってくれたおかげで……」と言われることが多くあります。「おかげで、われわれ夫婦もだいぶ感じが変わりました」「前よりは話をするようになりました」と言われます。

日本の夫婦というのは、ふだんはほとんど対話なしでやっているところが多い。昔の夫婦はそれでもだいたい何とかやっていたのですけれど、いまは対話をしなければならない。けれど、なかなかできません。

恋人同士のときはみんな、いろいろとよくしゃべっています。私が「夫婦の対話は難しい」と言いますと、「われわれは、よく話をしますよ」と言われます。若い人は対話だと思っているようですが、実はそれはお互いに独り言を言っているだけなのです。本当の対話は中年ぐらいになってから始まります。対話というのは、相手の痛いことを言わないと本当の対話にはならない。「あなたはこういうところがある」「おまえはこういうところがある」と、そこに踏み込みながら、しかも仲よく家族としてやっていけるか。そういうことを本気でやろうと思うと、普通ではできない。子どもが学校へ行かないとか、子どもが万引きをしたとか、子どもが死にたがっているとか、そういうことがあって、「これは」というときから本当の対話が始まるのです。

ですから、問題が一段落したときに、「おかげで夫婦の関係が変わりました」とか、「おかげでわれわれも話し合いができるようになりました」ということを言われることは非常によくあります。ひょっとすると、夫婦の問題を背負っていたので、子どもが学校へ行けなかったと言ったほうがよいのではないかと思うときがあります。子どもは単に学校に行っていないのではなくて、親のことを背負いこんでいるのではないかと思うぐらいです。

先ほどから言っていますように、家族の中の一人だけと話しながら、われわれカウンセラーは、家族全体のことや、家族のダイナミックスをとらえています。ですが、ここの夫婦はこうなのだとわかっていても、言ってすぐに変わるものではありません。家族は、一人の人を中心にして、じっくりじっくり変わっていくことができるのだと思います。

カウンセラーの家族

最後にカウンセラーとその家族の話をします。

カウンセラーも家族をもちます。カウンセラーは家族のことで相談を受けるのだから、自分の家族がきちんとしていなければ話にならないと、みんなが簡単に思います。たしかに、それはそうなのですが、そうでない場合も案外あるのです。

私が大学院の学生のとき、われわれが神様のように思っていたカール・ロジャースが日本にやって来ました。われわれはロジャースにぴったりとくっついて、いろいろ話を聞いたり質問をしたりしました。そのときに誰かがロジャースに、「カウンセラーというものは、自分の家族がちゃんとできていないといけない。だからカウンセラーは、まず自分の家族とよい関係を結んで生きるよう努力すべきではないかと思うんですが」と言いました。ロジャースは「うーん」と考え込んで、「たしかに理屈で言えばそのとおりだ。しかし、自分の家族はうまくいっていないけれど、人の役には立っているカウンセラーもたくさんいる」と言われて、私はそれがすごく印象に残っています。

われわれも、はじめは自分の家族はうまくいっていて当たり前のように思っていましたが、ロジャースは言いました。「自分自身は夫婦関係がうまくいかなくて離婚したり喧嘩したりしているのに、他人の夫婦の問題はちゃんと解決しているカウンセラーがいる。そういうのを見ていると、カウンセリングとは不思議なものだと思う」と。私はそのとき「へぇー」と思って感心したのですが、そのあと注目して見ていると、たしかにそうです。ここが人間のおもしろいところです。しかし、私は思います。やはり、自分の家族もうまくいくほうが得ではないでしょうか。自分は他人のために働いているから、自分の家族のことは忘れているというのはおかしいです。忘れられた家族は、どこへ相談に行けばよいのでしょう（笑）。

よくカウンセラーの家族の人に嘆かれます。「うちの主人は、カウンセリングをしているのはいいんですが、家に帰ってまでカウンセラーみたいな顔をしてるんです。私が、『あんた、もう税金が大変よ』と言っても、『うん、税金で困っているんだね』とか言う。そんなことを言ってほしくない。家では、もっとお父さんらしくやってほしいと思います」というようなことを言われます。たしかに、それはおかしいですよね。やはり一人の人間として生きているのだから、生きている自分が自分の家族をどう考えるのかということです。

とは言うものの、実際にカウンセリングをしていますと、クライエントにものすごく精力を使います。しかも、難しいクライエントはどんどん家にも電話をかけてきます。家族と一緒にいるときに電話がかかってきて、クライエントが「先生、もう死にます」とか言います。そうすると、いままで遊んでいたのをやめて、急に真剣な顔をしてやりとりを始めることになります。

そのとき家族はみんな、うちのお父さんは家族といるときでも仕事が大事らしい。ものすごく真剣に話をしているし、横で聞いているとえらく優しい声で言っている。家族には、あんな優しい声でものを言ってくれたことはない、とか思い始めます。そうすると、家族の間も何かぎくしゃくしてくるかもしれない。そういうときにどうするかということもすごく大事だと思います。家族も大事、クライエントも大事ということで、それを両立させていく苦しみと言いますか、両立させていく難しさということを考えていかねばならない。

クライエントから電話がかかってくると、クライエントは「死にます」とか「もうだめです」とか言います。すると、簡単には切れない。「じゃあ、また、さようなら」なんてすぐには言えないし、どうしても「ふうん」とか「はあ」とか言って話を聞くことになる。家族は父親の職業を知っていますから、「ああ、お父さんは大変だな」と思って見ています。そのうちに家族のほうがイライラしてきます。「いつまで聞いてるの」というわけで、「お父さん、もういいかげんに切ったら」という感じでその辺をコンコンと叩いたりしだします。そういうときというのは、ちょうど電話を切るとよいときです。自分でははっきり判断はつかないのだけれど、家族がイライラしてまで聞く必要はないということではないでしょうか。

私はよく思います。先ほどの芸術家の話ではありませんが、人間は全体の中で生きているわけです。クライエントとも一緒に生きているし、家族とも一緒に生きている。だから、家族が一定以上にイライラするまで話を聞いているというのは、聞きすぎではないかと思います。そういうときはもちろん、「家族がいらついてるから切ります」とは言いませんが、「ではこの辺で」ということで切ると、だいたいうまくいきます。

全体のバランスを見る

いま私は、電話ではクライエントの話をぜんぜん聞きません。きちんとやれるようになってくると、電話で話を聞かなくてもやっていけるのです。若いときは、電話で話を聞いたり、それで「死ぬ」と言われて慌てたりしていましたが、このごろは一切電話は聞きません。それでもいけるのです。いけるようにだんだんなってくる。はじめからそうはいきません。

ただし、そのときに、家族も大事、クライエントも大事をモットーにします。家族のことをよく見ていると、自分がどう生きるとよいのかがわかるように思います。家族が私の職業によって何か損なわれるというのは、やはりクライエントのためにもよくない。そこが大事だと思います。

われわれの仕事は、必死になって頑張ればよいというものではありません。あまり力を入れすぎてもいけませんし、先ほどの将棋のたとえにもありましたが、研究しすぎても、勝負しすぎてもだめなのです。全体としてバランスがとれてうまくいくようにする。その「全体として」という中に自分の家族が入っているということはすごく大事なことではないかと、私は思っています。

家族というものが単に自分を支えてくれているというだけではなくて、家族とのあり方ということで自分がチェックされている。家族を見ていると自分がどの程度に生きていたらよいかがわかる。そう言ってもよいのではないでしょうか。

こうは言いますけれど、カウンセリングはクライエントにすごくエネルギーを使うものですから、自分の家族との関係をもつというのも本当に大変です。実際にそこのところをうっかり間違えると、人の役には立っているけれど、自分の家族はうまくいかないというようなことが起こるのではないかと思います。

しかし、家族が大事だからクライエントのことはほっておいて、クライエントがたとえ死んだとしても家族が大事ということになると、バランスが崩れます。その両方のところを見ていくことが大事ではないかと思います。

最初に言いましたように、家族のことは本当に難しい問題で、特にいまの日本では難しい。今日お話ししたようなことでは、そのうちのほんの少ししかカバーできていないと思いますけれど、これくらいで終わりにしたいと思います。

第5章　カウンセリングと友情

ただ今ご紹介がありましたように、この講座には毎回参加させていただいておりまして、非常に光栄に思っています。今回は「友情」を、テーマにしました。

実は最近、『大人の友情』(朝日新聞社)という本を書きました。そのこともありまして余計、「カウンセリングと友情」ということで考えてみようかと思ったわけです。

そもそも『大人の友情』などという本を書くことになったのは、カウンセリング場面で「友だち」のことで悩み、相談する人が多くなっているからです。

特にこのごろは、スクールカウンセラーが中学校や高校へ行っていまして、そのスクールカウンセラーたちの事例研究や発表を聞いていますと、友だちの問題がたくさん出てきます。学生相談でも友だちのことがわりあいよく出てきます。いま「友だち」ということが、なかなか大事になっているのだなと思ったわけです。

友情、友人というのは、人と人との関係です。「あなたは、友だちを何人ぐらいおもちですか」

と聞かれたとき、みなさんはどう答えますか。「二人です」とか、「三人です」とか、「一人もいません」とか、「百人です」とか、いろいろな言い方ができますが、そのときに、友だちというのをどのように考えるかによって違ってきます。広く考えたらたくさん友だちがいる、しかしよくよく考えてみると一人もいないような気がする。要するに、人と人との関係がどういうものかということが非常に大事になってくるのです。

薄くなっている人間関係

人と人との関係には、親子の関係もあれば、夫婦の関係、恋人の関係、部下と上司の関係、先輩・後輩やいわゆる仲間の関係といろいろあるわけですが、そういう人間関係が以前より薄くなってきているのではないかと思います。なかでも、とりわけ薄くなっていると思うのは、家族の関係です。

スクールカウンセリングにやって来る子どもたちの例を聞いていますと、家族で一緒に晩ご飯を食べることは滅多にない、みんなばらばらにご飯を食べているというケースがたくさんあります。われわれが子どものころは、晩ご飯というのは家族みんなで食べることに決まっていました。朝ご飯も、少しずれることもあったけれど、だいたいそろって食べました。晩ご飯を家族がばらばらに食べるなんて考えられなかった。

ところが、今は、晩ご飯をばらばらに食べるだけではなくて、へたをすると、お父さんの顔を滅多に見ない。そのうえ、単身赴任ということになると、お父さんはずっとどこかに行っていて、たまに帰って来るだけです。お父さんにすれば、自分の家に帰って来ているつもりだけれども、子どもにとっては、「今日は、お父さんが珍しく来ました」というように「帰って来た」と思っていないところもあります。こんなふうに、家族の関係が非常に薄くなっているために、いろいろな問題が起こってくる。

「友情」ということを考えるだけでも、人間関係のことをいろいろ考えられます。われわれカウンセラーが、カウンセリングをするうえでいちばん大事にしているのは、結局はカウンセラーとクライエントの人間関係のあり方です。そういう意味でも、カウンセリングと友情ということで、いろいろ考えることがあるのではないかと思ったわけです。

『大人の友情』という本のはじめのほうにも書いている例ですが、学生が入学したときに、学生相談室の人が「何でもいいから、相談に来てください」という話をした。そこで、学生が相談に来ます。いまは昔と違って、学生相談に来るのに抵抗を感じる人がずいぶん減りました。以前は「学生相談に行く」と言うと、「おまえ、何か変なところがあるのと違うか」と言われたりしましたが、いまは非常に気楽に、「ちょっと相談に行ってこよう」という感じで学生相談にやって来る人が多いようです。

大学が始まって三、四週間したところに、ある学生が「大学に入学して以来、努力してるんですが、友人が一人もできないんです」という相談で来ました。聞いてみると、入学したときに、「大学生活で非常に大事なのは友人、友情だ。学生時代にいい友だちができて、卒業後もつき合えるというのはすばらしいことだから、みなさん、大学時代に、そういう友人をつくるように努力したほうがいい」と、学長が言われたらしいのです。

その学生は真面目な人なのでしょう。「なるほど、これはいい話だと思って私も頑張ろうと三週間努力しましたが、まだ友だちができません。どうしたらいいでしょうか」と言うのです。カウンセラーはびっくりしてしまって、三週間努力するだけでできる友人なんて、どうなのかなと思ったそうです。

友だちというのは、そう簡単にはできません。大学に入ったところを思い出すと、はじめのうちは、隣の席に座っているだけでちょっと話をしてみたり、一緒の電車で通ってくるというだけで話をしてみたり、入学式のときに顔を覚えていたというようなことで話をしてみたりといろいろやって、だんだん関係が深くなっていって、一年経って、あるいは二年経って、時には卒業するころになって、「この人は私の友人だ」というようになっていくと思うのです。ところが相談に来たその学生は、努力すれば三週間で友だちができると思っているのです。

人間関係もマニュアルで

それでどういう相談かと聞くと、「何か、友だちをつくるよい方法を教えてください」と言う。これもいまの若い人たちの典型で、「何か必ずよい方法があるに違いない。だから、友だちづくりでもマニュアルとか、そういうのがあると思っているんですね」と、相談を受けている人が私に教えてくれました。

しかし、人間関係をつくるというのはそんな手軽なものではないです。マニュアルどおりに友だちができるのだったら、今日ここにおいでのみなさんも、帰るまでに友だちができるはずです。隣の人にまずニコッとするとか、「どこのお生まれですか」と聞いて意気投合するとかで、今日中にでも友だちができるはずですが、そうはいかない。

マニュアルどおりにいかないところから、人間の関係は深まっていくのです。そこに人間関係のおもしろさがあるのですが、いまの若い人たちはつい、何でも簡単によい方法があるのではないかと思う傾向があります。ただ、そう思うのは当たり前かもしれません。なぜかと言うと、機械はマニュアルどおりやると必ずうまくいきますから。電気器具を買ってきて、これとこれとを接続して、このボタンを押して、とマニュアルどおりにやるとうまくいき、やらないと壊れたりうまくいかなかったりします。

物事があまりにもうまい具合にマニュアルどおり進んでいくので、「マニュアル、マニュアル」

と言われすぎているように思います。みなさんおわかりのように、コンビニエンスストアやファーストフードのお店に行くと、みなマニュアルどおりにやっていますね。お客がお店に入ったら「いらっしゃいませ」、帰ろうと思ったら「ありがとうございました」と、全員が同じように言います。全部、マニュアルで教えられて、お辞儀の仕方まで同じです。

何も言われないよりはたしかに気持ちがいいです。黙ってジロッと見られるよりは、「いらっしゃい」と言ってもらったほうがうれしいし、帰りも黙っていられるよりは、みんなで「ありがとう」と言ってくれたほうがうれしい。けれども、あれで本当に心がこもっているのか、心がつながっているのかと言うと、心は全然つながっていない。ただささばいている、処理しているという感じです。

われわれもつい、人間と人間の関係でも、「まあ、こういうふうにしてさばさばとやればうまくいくわ」と思ってしまいがちです。そのうちに、ふと気がつくと、自分はまったく孤独でひとりぼっちだった。本当に自分のことを考えてくれている人とか、本当に自分の気持ちをわかってくれる人はいるだろうか、ということになってきます。

友だちとはどんな人か

そうなると、友だちというのは本当に大事になると思うのですが、「友だちとはどんな人か」

と聞かれたら、みなさんはどう答えますか。友だちというのは、私の気持ちをわかってくれる人、いつもいつも親しくしてくれる人、優しくしてくれる人、いろいろな言い方ができると思います。

ユング派の分析家で有名な、アドルフ・グッゲンビュールという人がいます。グッゲンビュールの本は日本語にも訳されています。一つ例を挙げてみますと、『心理療法の光と影』（創元社）という本があります。一〇年以上も前だったと思いますが、グッゲンビュール先生が「友情」について講義されたことがあります。この話は『大人の友情』という本の中でも紹介していますが、私はそれが印象に残っていて、グッゲンビュール先生が言われたことをいろいろ思い出します。その中でおもしろいことを言われました。

「友情とは何かというときに、なかなか言うのはむずかしいけれども、きわめて具体的に言おうと思うと、こういう言い方ができる」と、自分のお父さんがされた話をしました。

実は私はグッゲンビュール先生のお父さんも知っています。大変頭のいいおもしろい人です。先生がお父さんに、「友人というのはどういう人のことを言うのですか」と聞くと、お父さんがすぐさま、こう答えてくれたそうです。「夜中の一二時に、自動車のトランクに死体を入れて持って行って『どうしようか』と言っても、黙って話を聞いてくれる人、それが友人だ」と言うのです（笑）。

ものすごく感じがわかります。夜中の一二時に突然やって行って、「人、ここに死んでるんやけど、どうしよう」と言ったときに、「まあ、あがれ。話を聞こう」と言ってくれる。これはすごくうまいなと思います。夜中の一二時に死体を持って行ったら、「匿《かくま》ってくれる人」とは言っていません。「黙って話を聞いてくれる人」という言い方をしています。「何でこんなばかなことをした」と怒ったり、「おまえが、やったんやろ」と疑ったりするのではなく、「ともかく話を聞こう」と、黙って話を聞いてくれる人だという言い方をしているところが、簡単な言葉ですが、なかなかうまいと思うのです。

『大人の友情』の本を読んで、いろいろな人が私に感想を言ってくれるのですが、この話は特に印象に残っている人が多いようで、「いろいろ考えたんですけれど、ああいう友だちは一人もいませんね」とか、「まだ、見つかってません」という人がおられたり、「なるほど、あそこまでいったらすごいですね」という言い方をされたりしました。なかなか言いえて妙というか、うまい言い方です。

「何でもいいから、お前を匿ってやる」とか、「どんな悪いことをしていてもいい、俺は助けてやるから」とか、そんなのは友人ではない、「ゆっくり話を聞こう、それから一緒に考えよう」と言う。そのときに怒ったり疑ったりしない。怒りも疑いもしないけれど、ともかく話を聞いていこうという態度で接してくれる人、これが友人だと言うのです。

これを非常にうまい言い方だと思ったのは、われわれは「友人」と言うとき、自分が悪いときでもすぐさま匿ってくれる人とか、自分がどんな悪いことをしても助けてくれる人とか、単純に考えすぎるのではないかと思うのです。友だちだから、自分が悪いことをして困ったときでも、助けてくれと言えば助けてくれると簡単に思い込み過ぎていて、助けてくれなかったので、「あいつは、友だちやない」「あいつに裏切られた」「友人なんていっても、薄情なもんですねえ」とか言うのは、カウンセリングの場面でもいろいろ聞きます。

自分が競輪とか競馬に行くためにサラ金からお金を借りて、返せずに困って、「あいつは何とかしてくれるやろ」と思ったのに、「それはちょっと、お金は貸せんわ」と言われた。それで「冷たいやつだ」とか、「友人のくせに、こっちが困っているのにお金も貸してくれない。あんなのは友だちやないから絶交です」とか、「先生、世の中には本当に親切な人は誰もいませんなあ」と言う。

しかし、そういうことを言う前に、「あんた、何でそんなお金を借りてまで競輪、競馬やったの」と誰しも言いたくなってきます。そのように、友だちというのを非常に単純に考えていると、なかなか友だちはいないのです。

たとえば、女性の場合、中学生ぐらいのときにグループとかができて、何でも一緒にしないと友だちではないようになります。「どこかに行こう」と言われると、一緒に行かないといけない。トイレに行くときでも、みんな一緒に行きます。「あなた、行くの？　私は行かないから、じゃあサヨナラ」などと言うと、「冷たい」ということになる。常に一緒に行動していないと友だちではない。そこから少しでもはずれると、「あの人は、もう友だちじゃない」と、仲間はずれにされる。

そういう時期がありますが、それは一心同体のように行動しているようだけれど、本当の意味では友だちではない。なぜかと言うと、その一人、一人の人間が、こういう人だから、こんなところがあるからというので友だちになっているのではなくて、ただ、かたまっていることがうれしいだけだからです。

友情の始まりではあるかもしれませんが、本当の意味の友人、本当に心と心がつながるというようにはなりにくい。

つながりを求めて

大阪市の前助役をされていた大平光代さんは、中学校時代に家出をして、不良の仲間に入り、やくざの姐御《あねご》だった。しかし、そこから頑張って弁護士の資格試験を受けて合格し、弁護士になってからもずっと頑張ってきたという本当にすばらしい方です。私は何度も大平さんとお話ししているので、言っておられたことが印象に残っています。

だれしも経験があると思いますが、思春期のときというのは、「家の中で、自分はまったく孤立している。お父さんもお母さんも私のことを考えてくれていない。私だけ一人だ」というように思うことがあります。それなら家を出てしまえ、と家出をする。そしたら、同じような仲間の女の子がいっぱい集まってきて、一緒にシンナーを吸ってみたり、万引きしたりして仲間になります。

「家を出て、やくざ仲間なんかに入っていかれた感じ、僕、よくわかるんですけど、そうして一緒に集まっているとき、ほんとに心はつながりますか」と、大平さんに聞いてみました。「残念ながら、本当にはつながりません」と言っておられました。

ただはじめは、つながっているような錯覚はもちます。家では、お父さんが「これは何だ」とか「勉強しろ」とかうるさく言うけれど、仲間は悪いことをするほどみんなで気持ちが一緒になりますから、何かすごい仲間のように思う。だけど、心は本当にはつながっていない。

大平さんはこういうことを言われました。「下手をすると、悪いことの競争になる」。簡単に言ってしまうと、ある人が万引きで一万円盗んできたら、「おれは一〇万円盗んできた」とか、だれかがたばこを吸っていたら、自分は「シンナーやってるんだ」というようにです。他のやつよりも何か悪いことをして、悪いことでみんなを引きつけようという感じになってくる。心と心がつながるのではなくて、悪いことの比べあいみたいになって、いわゆる友情とか仲間というものとはぜんぜん違う。

大平さんは、そういうことがだんだんわかってきたとき、頑張ってそこから抜け出て、自分の人生を歩み始められたのです。これは、すごい話だなと思いました。

実際、私たちカウンセラーは、そういう仲間に入っているような子たちに会ったりします。これもよく言う話ですが、援助交際をしている女の子が、「私は、援助交際をしたくてやってるんじゃない」と言います。「何でやってるの」と聞くと、「居場所がないから。学校も、家も居場所じゃない。仲間の子たちと集まっているところだけが居場所だから、自分は援助交際をやってるんや」と言います。自分の居場所というのは、そこへ来たらみんなが「うん、よしよし」と言ってくれて、そこにいると安心なところだと言う。「そういうところへ入ろうと思ったら、援助交際をしないと入れてくれないから、やってるんだ」と言った子がいますが、先ほどの大平さんの話と似ています。

考えてみると、気の毒といえばすごく気の毒です。心のつながりを求めているのに、学校でも得られない、家でも得られない。街へ出ていってやっとあったかと思ったら、そこでも得られないというふうに、どんどん追い込まれていくわけです。

そういうときに、本当に心と心がつながるということはいったいどういうものなのかと、われわれは考える必要があります。

どうしたら心がつながるのか

いわゆる不良仲間に入っているような人に会ったときに、「そんな仲間から出て、しっかりやりなさい」と、誰でも言います。しかし、絶対出てこない。というのは、出てきても以前より孤独になるだけだからです。そこに入っていたら、たしかに本当の仲間ではないし、嘘くさいけれど、いちおう仲間です。みんなおもしろいときには一緒に笑ったり、一緒に悪いことをしたりできる。そこからポンと飛び出てきて、「ここが私の居場所ですよ」というところがなかったら、「出てこい」と言っても無理な話です。

そういうときに、私はよく思うのです。カウンセラーの私とその人とのあいだに、やはり心と心のつながりというものができて、あちらよりもこちらを取るという、そういう心のつながりは、本当にできるのだろうか。

先ほどの大平さんの場合は、大平さんを何とか助けようと思って頑張った方がおられた。その人が大平さんを呼んでは「何とかして出てこい。お前、頑張ったらええんやから」と、説教されたのです。「説教なんか聞いたって、だれが言うこと聞くか」と思って、言うだけ言わせて、さっと逃げ帰って元どおり。それでもまた呼ばれて説教されて、「何を言うとんねん」と思いながら、別れて、また元どおりやっていた。

ところが何回もやっているうちに心と心がパッと出会うときがあるのです。そこで「うん」と思って、大平さんは出てきたのですが、私は、カウンセリングも同じだと思います。

われわれは説教はしません。説教しても意味がないと思っているのです。けれど、説教しても人間関係のできる人がいるというのは大事です。「説教さえしなければいいのだ」というように、甘く考えないことです。

カウンセラーはよく言います。「学校の先生はがんがん説教されるけれど、あれでは心はつながらない」。たしかにそうです。説教というのはだいたい、聞いているほうはいつ終わるかということだけ考えて、ほとんど聞いていないです。説教している人はもちろん、喜んでやって自分で感激する人が多いけれど、聞いているほうはあまりいい話ではないから何も聞いていない。

カウンセラーはそういうことはしません。シンナーをやっている子が来たら、「やめなさい」とか「ばかやろう」とか言わずに、「シンナーを吸っているということについて、あなたはどう思っているの」と、その子の気持ちがわかるように会おうとします。

けれど、本当に気持ちがわかっているのか、本当に心がつながっているのかと言うと、そう簡単にはいかないでしょう。シンナーを吸っている子に会って、「勝手にやってんねん、どこが悪いねん」「はあ、どこが悪いとお思いですか」とか言っていても、向こうにしたら、「何やそれ、同じことばっかり言って」となる。「はあ、同じことばっかり言ってるようにお思いですね」などと言っていたら、心はつながらないです。

私は、どうしたら心がつながるのかということをいつも思うのですが、極端に言うと、説教がしたかったら、してもいいんじゃないかと、このごろは思っています。ただし、説教したから変わるほど甘くはない。だけど、せっかく説教したくなっているんだから、ちょっとぐらい言ってみたらどうだろうか、と思ったりします。

心のつながり方の機微というのがあります。これは、非常に難しい。それを受け入れたらいいというまさにそのときに、本当に受け入れられたら、これはつながります。やって来た子が「シンナーをやってどこが悪い」と言ったときに、すっとこちらの気持ちがつながった。それを、形だけで、「どこが悪いと思ってやっておられるんです」と言ってみても、つながりはしないのです。

カウンセラーが説教するとき

私は、つながりと説教という点で、昔こういう経験をしたことがあります。

自殺しようとしたけれど未遂で助かって、親が無理して私のところへ連れてきた高校生がいました。その高校生は来るなり、「自分の命なんだから、自分で死んで、どこが悪いんですか。別に人に迷惑をかけるわけじゃない」と言いました。「僕なんか、勉強はできない。スポーツもできない。何にもできない」。実際、成績も悪いし、スポーツも何にもできない。「先生なんか、いいじゃないですか。外国へ行って、留学もして、地位もあるし、お金も稼げて。先生は生きておられたらいいですけど、僕は何にも人の役に立たない」。かなり前のことで、まだ食糧事情が悪いころだったので、「せめて僕が死んだら、日本の食糧事情は少しは助かるでしょう」と。少し変ですけれど、食べる人間が一人減るわけだから、「自分が世の中の役に立てるのは、死ぬぐらいしかない。だから、死ぬんです。ほっといてください」と言った子がいます。

普通は説教なんかしません。しかし、私はそれを聞いているうちに、たまらなくなりました。あまり一方的なので思わず、人間の命というものがどんなに大切であるか、そこまで育つのは並大抵のことではない、命というのは簡単にできるわけではないし、自分の命の大切さということをもっと考えないといけないと言いました。普通だったらカウンセラーは、滅多にそんなことは言わない。けれども、そのときはあまり向こうがバンバン言うので、こちらも言いたくなったのです。それで一生懸命言いました。

その高校生がどう言ったかというと、「へへっ」と鼻先で笑うのです。そして「先生、陳腐なことを言いますね」と言います。たしかに考えたら陳腐なことです。命が大切だなんてことは、どこにでも書いてあることです。「何を今さら、そんなわかりきったことを言ってるんや、おまえは」と言われ、私はハッと気がついて、思わず笑ってしまいました。「ほんまや、あなたの言うとおりや」。考えたら当たり前の話を、一生懸命頑張って説教していたわけです。

「しかし、考えてみたらおもしろいと思いませんか。さっきからのあなたの話では、僕は留学して、勉強して、大学の先生になって、すごい偉い人や。あなたは『自分はだめや』と言っていたけど、僕の言う話は、まったく陳腐な当たり前の話だということを、あなた、パッとわかったやないですか。僕のほうが上で、あなたのほうが何にもできないなんて、そう簡単に言えないのと違いますか」。

「あなたに言われて、ハッとわかった。『命というものは』という話なら、僕も、いま言ったようにいろいろ言える。人よりちょっと格好よく言えるかもしれないけれど、本質的には当たり前の話や。ところが、あなたが、あなたの命について、自分は本当に死んでいいのか、自分が死ぬということは本当はどういうことかというので、『命というものは』ではなくて、『僕の命は』という話になったら、これはもう、誰ものが言えなくなって、答えはあなたしかわからないんじゃないか」と私は言ったのです。

そこではじめて、二人の気持ちがつながりました。その子が「うん」と言ったのです。「死ぬか、死なないか。ともかく、あなた、自分で考えてください。僕には当たり前のことしか言えない。でも、あなたは自分の言葉で、自分の命を考えるかぎりは、絶対何か言えるはずだから」。その子は、頑張って、自殺なんかするのをやめていきます。

心と心がつながるというのは、「何とかしてつながりましょう」とか、「何とかして受け入れましょうと」か、「説教はだめですよ」とか言っていたら、なかなか難しい。説教しても意味がないと思っていても、私は説教したくなったらやるより仕方ないなと、このごろ思っているのです。ただし、どこが違うかと言うと、説教することで、自分がいいことを言って、向こうは聞いて、というだけで終わりにしない。そういうことをやっているなかで、どういうことが起こるかに注意を向けていることが肝心です。先ほどの例では、相手の子が「へへん」とか言って、鼻先で笑ってくれたからうまくいったわけです。そういうことで心と心がつながる、ここが非常に大事なところではないかと思うのです。

携帯で心がつながるか

そういう意味で言うと、だれでも自分の心がだれかとつながっているとか、友だちとつながっているとかを願うのは当たり前なのです。いまの学生たちから、友だちがほしいという相談が増えてきたりしているというのもわかります。ここで一つ難しい問題として、携帯電話の問題が出てきました。

携帯でつながる、心がつながると言っていますが、たしかに携帯というのはすぐに相手につながります。電車に乗っていてもつながる。友だちからメールで「どうしてる?」と言われると、「元気よ」とすぐに返事を出す。すると、すぐにまた返事が返ってきたりします。「うん、そうかあ。元気でやってるのか」というようなことで、ずっとつながっているように思う。けれど、本当につながっているのかとなると、難しい問題ではないかと思います。

考えてみると、そんなにしょっちゅう友だちの様子を確かめないとだめだというのは、そもそもおかしいかもしれません。一人でいて、「人間というのは孤独だな」と思っているときに、「あぁ、あいつはどうしてるやろう」とか、「あいつも孤独を感じているのかな」とか、「それでも、元気にしてるかな」というようなことを考えながらその人のことを思ったり、「今度会ったらゆっくり話でもするか」と思ったりするなかで、またいろいろな考えが出てきます。ひょっとすると、そちらのほうが本当に心のつながっている友人かもしれません。

人間の心というものも、酒造りと似ていて、ゆっくり醸成されるものではないでしょうか。ゆっくりつくり上げていかないとだめなようなところがある。せっかく麹がうまくできかかっているのに、「まだできあがらんかな」と何回も覗いていたら、だんだんおかしくなって酸っぱくなってしまいます。

それと同じことで、携帯で「一人でさびしいよ」と言うと、「来るか?」「飲むか?」となって、すぐに寄り合えるけれど、簡単につながるということが、かえって本当につながることを邪魔しているのではないかと思います。

一週間に一回のカウンセリング

あの人と友だちであるとか、あの人と関係があるということから、むしろ自分でつくり上げていくイマジネーションとか、考えとかいうものを抜きにして簡単につながるのは、かえって危ないかもしれません。

カウンセリングというのは、考えると一週間に一回しか会いません。一週間に一回、一時間会うだけで、次の週まで会わないわけです。普通だったら何か問題があれば朝から晩まで会ったり、一緒に話し合ったりします。それに比べると、「カウンセリングなんて、一週間にたった一回会うだけです。意味ないですよ」と、カウンセリングを始めたばかりのころは、よく言われました。

特に、学校の先生と話し合っていると、「われわれは生徒と朝から一日中つき合ってるんですよ。養護施設なんかへ行ったら寝食を共にしてやってるんですよ。先生みたいに一週間に一回会うだけでは、意味ないじゃないですか」と言われることが多かった。

ところが、「意味ないかどうか、一度やってみませんか」と言ってやっているうちに、みんなだんだん、わかってくるようになりました。それは、その一週間に一回だけ会っている時間でつくった関係というものは、一週間生きるからです。

自分がカウンセリングを受けてみたらよくわかります。私も受けました。われわれは、自分が分析家になるためには、自分が分析を受けなければいけません。それで実に長い間、分析家のもとに通っていました。私自身がクライエントでした。

先生と一時間話し合いをして帰り、次の週まで会わない。だけど、会わないから意味がないということは絶対ないということを、私は体験でよく知っています。その間どうしているかと言うと、いろいろ考えながら、「あっ、これを、先生に、今度はこういうふうに言おう」とか、「先生は、こんなことはどう言うだろう」とか、「どう思うだろう」とか、心の中で対話ができるのです。心の中で対話できるというのと、一人で考えているのとは、はっきりと違います。一人だけで考えていると、堂々巡りをするだけです。「これもだめ、あれもだめ、どっちもだめ」となりがちです。けれども、「これはだめですか」と言うと、「いや、そこはもうちょっと考えたらどうか」とか、「こんなのもあるのと違うか」と言ってくれる相手がいると、話が変わっていくわけです。

そういうときに、心の中の相手としてカウンセラーがいるということは、すごく大きいことです。だから、カウンセリングというのは、一週間に一時間しか会っていなくても、たえず会っているのと同じか、あるいはそれよりもすごい効果があるのです。

いつも一緒にいると、かえって深い話などしないのではないですか。いつも同じ職場にいるから、いろいろ知っているかと言うと、「おはよう」とか「今日はどうですか」という話をしているだけで、本当に自分の深い話などしません。

自分が本当に悩んでいることなど、同僚に滅多に話をしないし、時たましようと思っても、話半分で終わりになったり、だれかが入ってきたりして落ち着いてできない。本当に一時間しっかり相手の話を聞くという関係は、今の世の中には少ないのです。

昔はあったと思います。昔は、もっと人間が暇だったし、人間関係が濃かったので、カウンセラーなどいらなかった。それは、そういうことを聞いてくれるいろいろな人たちがいたからです。おばあちゃんがいたり、本家のおじさんがいたり、お寺のお坊さんがおられたり、みんなでゆっくりお茶を飲んで世間話をあれこれしゃべったりということがあった。ところがいまは、朝から晩まで一緒にいるように見えながら、考えてみたら本当には心は接していないということが多いわけです。

その点、カウンセリングというのは、一週間に一回だけでも一時間会って、そのときに本当に一生懸命話を聞いてもらえる。これがずっと続くわけです。これが非常に大事だと思うのです。

こうしたことを、携帯で手軽くやっていると、それはつながっているようで、むしろ本当に深くつながることを妨害しているのではないかと思います。

最近、ノンフィクション作家の柳田邦男さんが、『壊れる日本人』（新潮社）という本を書かれました。いろいろな例を挙げながら、携帯でパッパと連絡しあったり話したりしているうちに、だんだん日本人は壊れてしまうのではないかということを書いておられます。われわれはいま、このこともすごく考えねばならないと思います。

友情を支えるもの

表面的につながっているように見えながら、本当はどうつながっているかということを考えない、というようなことをやっていると、そのつながりが友情へと深まっていきません。では、そういう友情を支えているもの、友情を深めていくものというのはいったい何かということになります。

先ほど言いましたグッゲンビュールは、こう言っています。「自分はいろいろ考えたが、友情を支えているものは、『真実』ということと『優しさ』ということではないかと思う」という言い方をしています。そこには嘘がない、真実だということ。しかし、同時に優しさがないといけない。

たしかにそう思います。真実に傾きすぎていくと、優しさが消えるときがあります。要するに、死体なんか持ってきたら、「いつ、殺したの」「どうしてやったの。何でやったの」と、真実を追求しているうちに、だんだん、「おまえが悪いじゃないか」というほうへばかり行ってしまう。

人間というものはいろいろするから、何か人間同士として一緒に生きようではないかとか、悪いこともよいことも含めて一人の人間として一緒にやろうではないかという優しさのようなものがないといけない。

グッゲンビュールは、「真実と優しさというのは、われわれの友情を照らしている二つの星だ」

という言い方をしています。真実と優しさをもって友だちになっていこうというのではなくて、もっと極端な言い方をすると、真実と優しさというのは、人間が本当にもつことはほとんどできないのではないかというぐらいの感じです。

ほとんどできないけれど、真実というものに照らして、優しさというものに照らして、自分たちのやっていることを見よう。自分はこの友だちに対して、真実につき合っているか、優しさをもっているかと思って見たときに、案外、自分が友だちに「あいつも失敗しないかな」と思っていたり、友だちがあまり成功しすぎるとムカムカしてきたりしているのがわかる。

心にもない嘘というのをつくことがあります。友だちづき合いで、「私は嘘をついたことがない」と言う人がもしおられたら、私のやっている「日本ウソツキクラブ」に入会してほしいと思うぐらいです。つい、嘘を言ってしまいます。

友だちと会ったときに、「こんにちは、どうしてる?」と挨拶したら、「ちょっとなあ、顔色悪いと思わないか」と言われ、顔色が悪いと思っていても、「いやあ、元気に見えるよ」と、つい言ってしまいます。そういうときに、本当に真実を言うのがいいかどうかとなると、これはものすごく難しい。本当に人間というのは、ものすごく難しいものです。

『大人の友情』にも書きましたが、実際、あまり友だちのほうばかりにどんどんいいことがあったりしたら、少しムカッとすることがあります。自分ばかり失敗したりしていると、何か腹立たしくなってきたりします。

昔、東京に第一高等学校というのがありました。その寮歌に、「友が憂いに我は泣き　我が喜びに友は舞う」という言葉があります。友が憂いているときは、私は泣く。私が喜んでいるときは、友は舞を舞ってくれる。これが本当の友情だという言葉があります。

けれども、自分を省みても、友が憂いてるときは一緒に泣きやすいけれど、人間というのは友があまり喜ぶと、舞うよりもジロッと見たくなるときが多いのではありませんか。そういうときに、自分はもうだめだ、だからもう友だちになれないとかいうのではなくて、グッゲンビュールが言うように、そういう優しさと真実というもので照らして、自分を見ましょうということです。だから、「星」というのはものすごくいい言い方です。なぜかと言うと、われわれは星の高さにまでは行けない。行けないけれど、それでずっと自分を見ていましょうということです。

星になろうと思いすぎる人は、「そんなの、本当の友情じゃない」とか、「僕はだめだ」とか、すぐそう思ってしまう。けれども、そう単純に考えずに、常にそういうもので自分を見ていたらどうだろう。それが友情だという言い方をしているのです。

カウンセリングの場合は、二つの星は何なのか。われわれはどういう星に照らされてカウンセリングをやっているのか。もちろん真実と優しさ、と言えないことはないです。たしかにわれわれはクライエントに、何とか幸福になってほしいとか、何とか頑張ってほしいとかいう優しい気持ちをもっているし、できるかぎり真実を二人で追求していこうと思っていると言えます。しかし、カウンセリングの場合は少し違うという感じもしています。

全体性と関係性

本を書きながら、私はいつもカウンセリングのことを考えています。カウンセリングで、私の場合は二つの星の名前をどうつけたらいいかというので考えてみましたが、とうとういい名前は出てきませんでした。

真実と優しさというのはわかりやすいです。私の場合、まだわかっていない証拠に硬い言葉が出てきました。硬い言葉でできた二つの名前というのは、「全体性」と「関係性」という言葉でした。だいたい、漢字で出てくるというのはあやしいのです（笑）。まだこなれてないということです。もっとこなれてきたら、こなれた言葉で言えると思うのです。どうしても、まだ硬い言葉でしか言えません。

まず最初に、「全体性」ということについて考えてみますと、勉強もできない、スポーツもできない、死んだほうがましだというので相談に来ている人がおられます。それを私は、「それはそうだろう」と思う。けれども、真実はどうなのか、この人全体を見るとき本当にそうなのだろうかと思う。いや、真実という前に、この人の全体を見たいと思う。自分では「何もできない」

と言っているけれど、何かもっとあるのではないかと思うのです。自分のことが自分でもよくわかっていない人、あるいは「私はもう父親にも見放されました。母親にも見放されました。友だちは誰もいません。私は孤独です」と言う人がものすごく多いです。

特に、「この人は孤独だ」という人がいたとします。しかし、「この世界全体の中で、この人は本当はどのように存在しているのだろう。できるかぎり全体を見たい」という気持ちが、カウンセリングでは非常に強いのではないかと思います。

少し違う言い方をしますと、「その人の可能性を信じる」という言い方ができます。だれもが「もうだめだ」と思っていても、全体的に見てみると、何か残された可能性があるのではないかと思うのがカウンセラーなのです。

次に「関係性」ということについてですが、これは、全体的に見ていこうというときに、私とクライエントの関係というものを大事にして、絶対に切らないということです。普通の人は、みんな切るのがうまいと思います。切るのに、ちゃんとうまい理由を見つけます。

「ここまで努力したけれど、全然ついてこないんだから、あれはだめだよ」とか、あるいは、「いや、あの子はやりたいと思うんだけれど、父親が酒飲みでね、仕方ないよ。父親が酒をやめないかぎりだめだよ」とか、何か理由を上手につけて、「だから、だめだよ」で終わりにする。

そういうときに、みんな切るのが上手です。「自分は悪くない。私は、何とかして頑張ろうと思っているけれど、こういうことがあってだめですから、仕方がないのです」と言う。けれども、われわれカウンセラーはそれを絶対に言いません。

お父さんが酒飲みで、子どもが苦労しても酒をやめない。どうしようもないその人と私の関係は、いったいどうなるのか、この関係をどう続けていくのか。そういうときに、そこを切らずに見つづけていこうというところが、われわれが他の人とは違うところなのです。

普通の人は、むしろつながっているとうるさいから、何とかして切るほうを上手に考えます。みんなが切るほうを考えているときに、その関係はどうなっているかということを、いつも見ていこうというのがわれわれカウンセラーです。

そういう意味で、いまのところ、私はカウンセラーとしてクライエントにお会いしているとき、「全体性」と「関係性」を二つの星と言っているのです。そんなところまでいけるはずがないかもしれないけれど、そういう点から見ていましょう。時には切りたくなったり、時には捨てたくなったり、いろいろするけれども、そこをそういう点で見ていったらどうだろうと私は考えています。

友情と恋愛

友情の問題を考えるときに、われわれも若いときは、「男性と女性のあいだに友情は成立するのだろうか。友情と思っているうちにどうしても恋愛になってしまって、友情から離れてしまうのではないか。恋愛抜きの友情などあるのだろうか」といろいろ言っていました。

このことはよく聞かれるので、そういうことも本には書きました。友情についての本を書きながら、カウンセラーとクライエントが男性と女性の場合、そのあいだに恋愛感情が出てくることがあるということを、カウンセラーとして思いました。それをいったいどう考えるのかということとよく似ていると思ったので、私はそちらのほうのことを考えながら、男女の友情について書きました。

男性と女性だけではなくて、男性同士、女性同士の同性愛ということもあります。愛というなかに、肉体的なエロスということがどうしても入ってくる。そういうものが入ってきたときに、「それは友情と違う」というように言うのか、「そういうことを抜きにしての友情というのは、男性と女性でも成立する」と考えたほうがいいのか、非常に難しい問題です。

結局、私が経験的に思っているのは、男性と女性のあいだでも、恋愛ではない友情は成立すると、いまは相当はっきり言うことができます。「いまは」というのは、なかなか難しいときもあったということです。

だれでもそういう経験をいろいろされると思います。はじめは、この人のために少し役に立ちたいとか、この人と話をしていたらものすごく通じ合っておもしろいとか、興味が共通しているから一緒にやりましょうとか、そういうことで会っているように思います。

　そのうちに、どうしても心だけではなくて、体も一つになりたいという恋愛感情が出てくる。そういう場合に、そうした感情を無視してやっていけるのか。それを無理に抑えてやっていると、にせものになるとか、無理しすぎだとかなってくるのではないのか。

　男女の場合はどうしてもそうなると言う人がいます。私はカウンセリングの経験で言いますと、心が一つになるだけではなくて、体も一つになってしまいたいというのは、ものすごい愛情と言えますし、ものすごく激しいものをもっています。誰が何と言おうと構わないというので、恋愛のために身を滅ぼした人はたくさんおられます。たくさんの物語がありますし、物語だけではなくて、実際、われわれのまわりにもたくさん例があります。

　そういうのを見ていて思うのですが、すごく激しい恋愛というものは、不思議なことに長続きしません。人間というのは不思議です。すごく燃えるような恋愛感情をもちながら、ずっと続いている人がおられるとしたら、それは妨害があるからでしょう。その間だけのことです。

　恋愛感情が燃えるように激しくなって、幸か不幸か結婚をした途端に潮が引くように冷めた。そういう人、いるのではありませんか。あるいは、しばらくは続いたけれど、七年経って冷めてきたとか。心も体も燃えあがってというようなのは、なかなか長続きしないのです。

激しい感情を越えて

激しいものというのはどうしても燃えつきてしまう。実は恋愛感情だけではなくて、仕事に対してもそうですけれど、ものすごく激しい情熱というのは、へたをすると燃えつきてしまう。われわれは星に到達するのではなくて、星が見てくれているなかで、どう生きるかを考える。そうすると激しくはないけれども深い感情をもつことができる。非常に深い感情だけれど、あまり激しくはないという、そういう気持ちに変わっていく。

たとえば、カウンセリングの場合、カウンセラーとクライエントのあいだに恋愛感情が起こりかけても、「待て、待て。そういうのが起こりかけているけれども、これをどういうふうに深めていったほうがいいんだろう。何でこういう激しい感情が、いま起こってくるんだろう」と考える。激しいものを動かしているもっと深いところには何があるのだろうと、そういうところにぐっと目をこらしていく。そうすると、激しさを越えていくことができる。これは、クライエントの側にとっても、カウンセラーの側にとってもなかなか難しい問題です。

クライエントのほうでも、今まで本当に苦しい体験をして、だれもわかってくれないと思っていたときに出会ったカウンセラーが、一回目からすっとわかってくれたりすると、「この人はわかってくれる。この人さえ信じたらやっていける」というような気持ちになります。本当にこの人と共に進んでいきたいという気持ちになるのと、恋愛感情とは紙一重の差で、すごくよく似ているのです。

そういうときに、それをどのように表現するかは非常に難しいし、それをどのように受けとめるかということもすごく難しい。いわば錯覚を起こして恋愛と思ってしまうことが、クライエントの側に起こります。そして、カウンセラーの側にも起こるのではないかと、私は思います。

そのときに、少しそのようになったとしても、すぐにそれに応じるのではなくて、いちばん底に動いているものは何か、あるいは、いちばん上から照らしているものは何かと考えていくと、激しい感情を乗り越えていくことができます。

これはカウンセリング以外でも言えると思います。男性と女性のあいだに本当の友情は成立すると私は思います。ただし、苦しいところを乗り越えていくというのが必要です。本にはそういうことを書きました。

近ごろ同窓会事情

『大人の友情』を読んだある方が、「河合さん、あの本読んで助かったわ」と、おもしろいことを言ってくれました。

このごろ、同窓会がよくあるようですが、特に団塊の世代の人に多いらしいのです。そろそろ定年になり、いままでバリバリ仕事をやっていた人が、会社をやめて去っていく。すると急にさびしくなります。考えてみると、会社にいるかぎりは「部長」とか言ってくれますが、やめたら赤の他人です。少しはニコニコしてくれても、前のようにやってくれるわけではない。

そういうことを思っているときに、「懐かしい人が集まったらどうだろう」と思う人が多いようです。「二〇年ぶり、三〇年ぶりに同窓会をやりましょう」などと言われると、今まで同窓会なんかしても、仕事が忙しくて集まらなかった人が、こぞって集まってきます。

集まると昔のことを思い出して、「あ、あんたかー」とか、「こんなことがあったな」とかしゃべっているうちに、「僕もそろそろ定年でね。家へ帰っても、家の中ではあんまり歓迎されないし、ぶらぶらしてる……」とかいう話になって、相手も「その気持ちわかるわ」などと言っているうちに、だんだん気持ちが通じてきて、急激に心が接近します。心が接近すると、体のほうまで接近したくなってきて、恋愛感情になってくる。うっかり自分もそうなりそうになったんだけれど、この本を読んでいたので、「ははあ」とわかった。「危ないところで助かった。もうちょっとのところで思いとどまった」と言われた人がいました（笑）。

このように心が近づいていくのはものすごく大事ですが、それをすぐ体の関係にしてしまって、「一緒にどこかへ行きましょう」とかいうことになってしまったら、へたをするとこれまで築いてきたものがガタガタと崩れていくことになる。その一歩手前で踏みとどまれたので、「よかった」と言ってくれました。

いま同窓会はすごく盛んで、同窓会がもとで実際に悲劇が起こったりしています。それは、錯覚を起こすからです。以前よりもさびしくなってきたなというときに、そうしたさびしい気持ちをわかってくれる人がふっと現れる。そのとき、そうなった心をどう深めていくのかということよりも、すぐに体まで一緒になってしまおうということになると、本来の自分の心のあり方を追求するということからずれてしまいます。すると、そこからいろいろな悲劇が起こってくることもあるわけです。

贈り物とカウンセリング

友情とカウンセリングで、よく共通の話題になることの一つは、贈り物です。何をプレゼントするか。これについては、成田善弘さん（精神科医であると同時にカウンセラー、心理療法家でもあります）が、『贈り物の心理学』（名古屋大学出版会）という本を書いておられます。いい本ですので、ぜひ読んでいただきたいと思います。

『贈り物の心理学』の中に、いろいろなことが書いてありますが、贈り物というのはなかなか難しい。人に物を贈るときに、よくみんなで相談をします。何を贈ろうかというときに、ほしい物をあっさり言ってくれる人もいますが、なかなかいつもそうはうまくいかない。恋人の場合や友だちの場合、親子や夫婦でも、何を贈ろうかと考えるとなかなか難しい。何を贈るかというのは、結局、物も大事だけれど、物の中に込められている心がすごく大事になりますので、これをどうするかというのは非常に難しい。

「これだけの贈り物をもらったんだから」と、むしろ、お荷物になって困るときもあります。あまりに法外な物をもらったら、次にどういう要求が出てくるかわからない。けれども、それをそのまますぐに送り返すというのは、あまりに失礼です。「いただくわけにはいきません、返却いたします」などと返したら、これは、「あなたとの関係は終わりです」ということになりかねません。だからといって、どのぐらいの物をお返ししたらいいのかわからない。

そういうことで、誰しも悩まれると思います。実を言いますと、普通、カウンセラーとクライエントのあいだでは、あまりに物事が難しいので、品物の贈り物は受け取らないことになっています。だから、われわれは料金をもらっているわけです。あなたにお会いするためには、一時間にいくらいただきますから贈り物はいただきません、ということでやっている。これは西洋の契約の考え方です。いま、そのようにやっている人は多いと思います。

私は、はじめはそうはいきませんでした。スイスから帰ってきたとき、今から四〇年ぐらい前になりますが、そのころはカウンセリングに行ってお金を払うなどありえないと思っている人が多かったからです。

私はそのころ、天理大学にいました。天理のようなところでは特に、物事を相談に行ってお金を払うとは、だれも思っていませんでした。ですから、その当時は無料でやっていました。「お金を取ります」と言うだけでだれも来なくなりますから。無料でやっていると、だんだん向こうもお世話になっていると思うようで、年末にはお歳暮などを持ってこられました。そういうのを、私はもらっていました。これは日本流で、お歳暮でお世話になっているという心を表しているのです。だから、いただきました。あるいは、お中元でもらいました。これは西洋流の契約とは違いますが、日本流の関係の中でやっているのだと思って、もらっていたのです。

そうすると、なかには、毎回物を持ってくる人が出てきます。少しずつ物を持ってきて、「毎回持ってこなくてもいいのではないですか」と言うと、「先生にはお世話になっているので、手ぶらで来るのは申し訳ない」と言う人がおられた。そこで私は、「実を言いますと、アメリカやヨーロッパでは、こういうときに、お金を払うことになっているんです」と言いました。「私たちもそれでやりましょうか」ということになって、そこから料金を取ることにした人たちもいます。そういうことをだんだんわかってもらって、いまでは契約関係で料金を払ってやるようになってきました。

クライエントが贈り物に託すこと

ところが、おもしろいのは、そういう契約関係でやっていても、物を持ってくる人がおられるのです。「われわれは契約関係でやっているんですから、それ以上もらうわけにいきませんので、これは残念ですがもらえません」と言っても、「いや、いや」と言って、持ってこられる。しかも非常に高い物を持ってこられるわけです。

私は、ハッと気がついて、「何かえらい高い物を持ってこられるけれども、高い物を渡したら治りやすいと思っておられるんじゃないですか」(笑)と言いますと、「うーん」と考えておられます。「高価な物を持ってきたら、僕も頑張るし、治りやすいと思っておられるんじゃないですか」「そうとも言えない」。さらに「自分はしんどいけれど、先生がこれで頑張ってくれたら治ると思っていませんか。実は、治るというのはしんどいことなんですよ」と私は言いました。

実際、カウンセリングを受けた人はわかると思いますが、治るというのは、ものすごくしんどいことなのです。自分で努力しないといけないからです。「あなた、努力するよりはお金で済まそうと思っていませんか」と言うと、「うーん。そう言われれば、そうかもしれませんねえ」と言われた人がいます。

つまり、カウンセリングというのは、「治してあげる」ということではないのです。お医者さんの場合ですと、薬を処方して治すとか、手術で治すということになります。しかしカウンセリングは、その人がもつ自分の潜在的な力で治るようにするということです。「自分の力で治る」と言うと、ものすごく聞こえはいいけれど、クライエントはものすごく努力しないといけないわけです。苦しみと闘って、自分でやり抜いていかないと治らないわけです。「苦しいからといって、『先生、助けて』と物を持ってきても、うまいことといきませんよ」と言ったことがあります。だから、贈り物というのは、そういう点でもなかなかおもしろくて、考えさせられるものです。

成田さんがわざわざ『贈り物の心理学』を書いておられるのは、日本人ですから、贈り物にはいろいろな心の綾があるということなのです。

友人関係でも、恋人関係でもそうです。途方もない物をもらったら、どうもあやしいなと思ったりするものです。それと同じことで、物のやりとりというのが、心と関係して起こってくるというところがおもしろいのです。

贈り物の思い出

贈り物について、おもしろい思い出があります。私がアメリカに行ったときに、はじめて分析家のところへ行って教育分析を受けました。ところが、教育分析というと一時間二五ドル払わないといけなかった。私はフルブライト奨学生で行っていますから、全部ひっくるめてもらっていたお金が、そのころ一カ月で一七〇ドルでした。一七〇ドルで寮費から、本を買うのから、全部やらなければいけない。一時間二五ドルも払ったら、一カ月に四回ですからそれだけで一〇〇ドルになってしまい、もうほとんど生活していくことができませんでした。

どうなるかと思ったら、私の分析家のシュピーゲルマンという人は、「それなら分析の料金を安くしたらいい。安くするのは当然だから、安くする」と言って、「一回一ドルにする」と言うのです。「そんなのでいいのかな」と思ったけれど、「自分はそれでいい。日本人がはじめてやって来て、あなたのような人間を訓練できるということは意味があるから、一ドルでいい」と言うので、喜んでそうしてもらったのですが、こちらはだんだん申し訳なくなってくるわけです。

あれこれ考えて、それこそ日本的にお歳暮を渡そうと思いました。アメリカはお歳暮がないので、クリスマスプレゼントを持っていったのです。それまで、贈り物など、全然したことがなかったですし、そのころは、はじめて分析を受けているので知らないことばかりでした。

贈り物を持っていったら、先生は「これは絶対もらえない」と言います。「どうしてですか」と言うと、「あなたはもうちょっと勉強しないといけない。こういう関係は契約関係であって、一ドルという関係でちゃんとやっていて、自分は満足している。あなたもしっかりやればいいので、それプラス贈り物をもらうということは、何かそうするとこちらも頑張らないといけないとか、あなたもよい気持ちになってさぼるとか、そういうことが起こるかもしれない。だから、一切、贈り物は受けとらない、というのが西洋流だ」と説明されたのです。

ところが、私はそこで引き下がらなかった。「わかりました。西洋流ではわかりますけれど、僕は日本人です。日本人は世話になっていると考えるかぎり、お歳暮を持ってくるものです」と言いました。それは品物の問題ではなくて、この一年間お世話になったことを私がどんなにありがたく思っているか、心を込めて何か渡さないと、日本的人間関係というのは維持できない。お金の問題とか、契約の問題を超えて、心の問題としてわかってほしいということを、私は一気にしゃべったのです。

言っているうちに、ハッと自分で気がついて笑いだし、「普通、日本人は、こういうときは説明をしないんです」と言いました。日本人はだいたい、何か言われたら「ああ、そうですか」と黙って受けとめ、物を渡されれば、黙ってもらう。言葉なしで通じ合うのが日本のやり方です。私は知らないあいだにアメリカナイズされていて、お歳暮について、自分の贈り物について、その意味をしゃべるなどということを、生まれてはじめてしていたわけです。

そう言うと、分析家のシュピーゲルマンが笑いだして、しばらく考え、「うーん、あなたは日本人のルールを破ってすごい説明をしたから、僕はアメリカのルールを破って、その贈り物をもらうことにしよう」と言って、受け取ってくれました（笑）。

ルール破りをしているけれど、単に「ああ、それをくれるのか。もらっておこうか」というのとはぜんぜん違います。そのなかで、私としても日本人の心のあり方をいろいろと考えることができました。

先生のほうでも、「日本人はそういうものなのか。アメリカ流の契約関係というものも大事だが、この際は自分もルール破りをやろう。自分も日本人を相手にするかぎり、日本流をある程度許容しよう」というようなことが全部含まれていました。

贈り物は大したものではないけれど、そこで二人の心がもう一つ前へ進んでいった。そういうことを私は非常にすばらしいと思ったし、私の分析家のやり方を見事だなと思いました。

そのとき教えられたことは、ルールは絶対ではない。いろいろなルールがあるけれど、ルールは絶対ではなく、破られるときがある。しかし、破ることとの意味、破ることの深さ、そういうものをはっきり意識して破るときは、もっとそれを超えたことが出てくるということも、そこで言われたように思いますし、そういう人間関係ができました。

忘れがたい思い出

もう一つ、分析家との関係で、忘れがたい思い出があります。アメリカのあとスイスへ行って三年間分析を受けたのですが、私の分析家はカール・アルフレッド・マイヤーというすごい人でした。

三年間学んで最後の日に、「あなたは三年間ユング研究所にきて分析を受けて、いろいろいいこともあっただろうけれど、自分としてはこれが残念だったということがあるのではないか」と聞いてくれたのが、私には本当にうれしかったのです。

私は、「すべて満足しているといっていいぐらいだけれど、一つだけ残念だったのは、ユング研究所に三年いて、みんなで一緒に勉強して、わいわいしゃべったり、食事をしたりしていたのに、この人は本当に自分の友人になったという人を、西洋人に見つけることができなかったことです。アメリカ人であれスイス人であれフランス人であれ、ヨーロッパの人の同級生もいろいろいたのに、本当の友人を自分は見つけられなかった」と言いました。

マイヤー先生は「それはそうだ。あなたの友人になるほどの者はいなかったな」と言われた。これもすごいですね。平気でそういうことを言うのです。「あなたの友人になるほどの人間はいなかったから、それは当然だ。心配いらない」と。そして次に「これからは、自分が友人になるから大丈夫だ」と言われたのです。

私はすごくびっくりしました。われわれは、先生とか、師とか、自分の分析家というと、雲の上にいるような人だと思っています。それが、最後にいきなり「自分があなたの友だちになるから、大丈夫だ」と言う。そこに友情というか、友人という関係が底に流れているのだということを思い、すごく感激しました。

もちろん、だからといって、いわゆる友だちづき合いという関係には、私はなかなかできませんでした。いつも心の中の師、先生というつもりでいましたが、その底にはやはり友情というものが流れているし、先生がそれを意識してくれていると知ったということは、すごく大きかったと思います。

これで終わります。どうもありがとうございます。

初出一覧

「カウンセリングと時間」　第三六回　四天王寺カウンセリング講座『四天王寺カウンセリング講座1』二〇〇一年　所収

「カウンセリングと人間理解」　第三八回　四天王寺カウンセリング講座『四天王寺カウンセリング講座3』二〇〇三年　所収

「カウンセリングと倫理」　第三九回　四天王寺カウンセリング講座『四天王寺カウンセリング講座4』二〇〇四年　所収

「カウンセリングと家族」　第四〇回　四天王寺カウンセリング講座『四天王寺カウンセリング講座5』二〇〇五年　所収

「カウンセリングと友情」　第四一回　四天王寺カウンセリング講座『四天王寺カウンセリング講座6』二〇〇六年　所収

※本書に収録するにあたり、一部、補足・修正した箇所があります。

河合隼雄（かわい　はやお）

一九二八年、兵庫県生まれ。

京都大学教育学博士。京都大学名誉教授。元・文化庁長官。一九五二年に京都大学理学部卒業後、高校の数学教諭、天理大学講師をへて、一九五九年にアメリカへ留学。一九六二年にスイスのユング研究所に留学し、日本人として初めてユング派分析家の資格を取得。一九六五年に帰国後、京都大学教育学部で臨床心理学を教えるかたわら、ユングの分析心理学を日本に紹介し、その発展に寄与。一九九二年、京都大学を退官。一九九五年、国際日本文化研究センター所長、二〇〇二年、第一六代文化庁長官に就任。

著書に『ユング心理学入門』『昔話と日本人の心』『明恵　夢を生きる』『河合隼雄著作集（全一四巻）』ほか多数がある。

二〇〇七年七月一九日、逝去。

河合隼雄《かわいはやお》のカウンセリング教室《きょうしつ》

二〇〇九年六月一〇日　第一版第一刷発行
二〇二三年六月二〇日　第一版第九刷発行

著　者　河合隼雄

発行者　矢部敬一

発行所　株式会社　創元社

〈本　社〉〒五四一-〇〇四七　大阪市中央区淡路町四-三-六
電話（〇六）六二三一-九〇一〇㈹

〈東京支店〉〒一〇一-〇〇五一　東京都千代田区神田神保町一-二　田辺ビル
電話（〇三）六八一一-〇六六二

〈ホームページ〉https://www.sogensha.co.jp/

印刷所　太洋社

乱丁・落丁本はお取り替えいたします。

ISBN978-4-422-11422-4 C0011
